Afghanistan – das sowjetische Vietnam-Syndrom? Unverkennbare Parallelen tun sich auf, vom Versuch der patriotischen Heroisierung bis zur Verbannung dieses Traumas eines verlorenen, sinnlosen Krieges aus dem öffentlichen Bewußtsein. Nicht zum erstenmal in der Literaturgeschichte treten im Nachzug solcher Grunderlebnisse einer ganzen Generation große Talente auf die Bühne. Zu ihnen gehört der neunundzwanzigjährige Oleg Jermakow, der selbst in Afghanistan gekämpft hat und heute in Smolensk lebt. Seine Erzählungen über die Afghanistan-Kämpfer beschreiben nur am Rande die äußeren Härten des Krieges. Ihr Grundthema ist die psychische Situation dieser jungen Männer, die, desillusioniert und in jeder Hinsicht aus der Bahn geworfen, in eine Welt zurückkehren, die von ihren Erlebnissen nichts wissen will. Sind die Versuche, die gewonnenen Erfahrungen zu bewältigen, auch sehr unterschiedlich, so ist es doch für jeden eine Heimkehr in die innere Einsamkeit und Isolation. Jermakow gelingt neben drastisch-realistischen Schilderungen, harter Satire und sarkastischer Ironie vor allem eine beeindruckende psychologische und emotionale Tiefe, die Literaturkritiker zu Vergleichen mit Hemingway und Remarque veranlassen.

›Volk und Welt Spektrum‹ 265
Erzählungen

Oleg Jermakow

Winter in Afghanistan

Verlag Volk und Welt
Berlin

Aus dem Russischen von Ganna-Maria Braungardt
und Renate Landa

ISBN 3-353-00834-9

1. Auflage

Einbandentwurf: Lothar Reher
Lichtsatz: Interdruck Leipzig GmbH
Druck und Einband: Leipziger Verlags- und Druckereigesellschaft mbH
Printed in Germany

Frühlingsausflug

Weiche Feldwege trugen sie die Hügel hinauf und in feuchte Niederungen hinab, der Himmel rückte mal näher, mal entschwand er hoch oben, ein fast wolkenloser Himmel, an dem Lerchen flatterten.

Der Junge mit der abgewetzten, speckigen Schirmmütze fuhr ein Stück voraus, er hatte die Führung übernommen, denn er fuhr und lief diese Wege schon einige Jahre, er kannte jede Kurve, jeden Hügel, jeden Baum am Wegesrand. Er trat in die Pedale und sah sich ab und zu über die Schulter nach seiner Begleiterin um.

Die weichen Wege trugen sie über grüne Hügel und grüne Felder, am Himmel standen Wolken, die Sonne leuchtete gelb, und Lerchen tanzten. Er sah über die Schulter zu ihr und verzog die dicken Lippen; sie lächelte zurück. Er dachte, natürlich war es schön, daß sie bei ihm war, daß sie diese Orte sah, aber er hätte doch lieber allein fahren sollen. Er fuhr sonst immer allein. Anfangs hatte er sich ein bißchen gefürchtet, besonders nachts, wenn plötzlich ein Vogel schrie, ein Zweig zu Boden fiel, Schritte raschelten; aber dann verging die Angst. Und eines Tages hatte er sich überzeugt, daß es besser war, allein zu sein: er hatte einem Klassenkameraden von den Kaffeeteichen erzählt, der hatte sich ihm als Begleiter aufgedrängt, und es war schrecklich gewesen – der Klassenkamerad redete und redete, lachte laut, angelte gierig Karauschen, warf einen Stein nach einer Ente, fällte ungeniert lebende Espen und behauptete, im Wald gebe es nichts zu fürchten, der Wald sei nur eine Baumgruppe; alles war schrecklich gewesen, nichts wie sonst. Sie war natürlich kein Klassenkamerad. Trotzdem.

Sie überquerten die Bahnlinie – ölverschmierte

Schwellen, knirschender Schotter, Schienennägel, die wie schwarze Hüte aussahen, und schmale, spiegelglatte Schienen, die in der Ferne verschwanden –, und er dachte: ja, bald ist es soweit. Wieder trug sie der weiche Feldweg, und wieder erklommen sie die Kämme der Hügel und tauchten in feuchte Täler.

Ja, bald, dachte er. Drei Tage noch. Nur noch. Und dann ab, für zwei Jahre. Stiefel, Kasernen. Na ja, das war nicht schlimm, zwei Jahre waren nicht fünfundzwanzig, wie zu Urgroßvaters Zeiten.

Ihm kamen wieder Zweifel, ob es richtig gewesen war, sie mitzunehmen, Was würden sie schon sehen an einem Tag? Um überall hinzufahren, zu den Kiefern, zum Roten Fluß, auf den Fuchshügel, zu den Teichen und zum Dorf, dafür reichte ein Tag nicht. Allein hätte er übernachten und alles sehen können. Mit ihr würde er heute in die Stadt zurückfahren müssen. Ihre Eltern wußten von nichts, sie waren überzeugt, daß ihre Tochter am Morgen ins Institut gegangen war und den ganzen Nachmittag bis zum Abend im Lesesaal der Institutsbibliothek irgendwelche Texte konspektieren würde. Sie aber hatte anstelle der Lehrbücher und Hefte Turnschuhe, Trainingshose, T-Shirt, Brot und Wurst in ihre Tasche gepackt, war zu ihm gekommen, hatte sich umgezogen und fuhr nun mit ihm den weichen Weg entlang auf einem Fahrrad, das er von einem Freund geborgt hatte, trat eifrig in die Pedale und bat ihn nicht, anzuhalten, obwohl sie von der ungewohnten Anstrengung bereits erschöpft war, und sie lächelte, wenn er sich nach ihr umblickte. Ihr T-Shirt war völlig durchgeschwitzt. Es war noch früh, aber die Sonne brannte schon heiß. Es war Mai.

Der ausgefahrene Weg bog ab, doch sie radelten geradeaus weiter. Sie fuhren auf einem verwilderten, morastigen Weg, der bald im Sumpf endete.

Sie zog folgsam die Turnschuhe aus wie er, krempelte ihre Trainingshose bis zu den Knien hoch und trat mit ihren weißen Beinen vorsichtig in den kühlen schmatzenden Morast.

»Gibt es hier Schlangen?« fragte sie schwer atmend.

Er ging vor ihr. Er drehte sich um und sagte:

»Schlangen? Ich komme seit drei Jahren her, und in den drei Jahren hab ich noch nie ...« Er verstummte, denn er hatte links auf einer kleinen Bülte einen grünbraunen Gummikringel entdeckt. Eine junge kleine Schlange lag reglos auf dem sonnigen trockenen Hügel, man konnte sie für tot halten, doch ihre Augen waren feucht, und zwei Sonnenpünktchen leuchteten darin.

Er wandte den Blick von dem Hügel und sagte ruhig:

»Nein, das hier ist ein gesegneter Ort, das hab ich dir ja erzählt.«

Erhitzt und schweißnaß, wie sie waren, wurden sie von Mücken überfallen; sie schlugen sich ins Gesicht, schüttelten die Schultern und beeilten sich, den Sumpf zu durchqueren. Der Morast schlug Blasen, zischte und schmatzte unter ihren Füßen. Der Schlamm war kalt, die Luft dagegen warm, und die Sonne brannte durch die Kleidung auf Schultern und Rücken.

So was, dachte er, in drei Jahren hab ich nicht eine einzige Schlange gesehen, und ausgerechnet heute, am letzten Tag ... Er wandte sich um, sein Blick streifte die Beine seiner Begleiterin. Sie sah ihn fragend an und versuchte, munter auszusehen. Ihr Gesicht war naß, rot und von Blutklecksen übersät, auf der Wange klebte eine zerquetschte Mücke.

»Wir haben's gleich geschafft«, sagte er.

Er hätte allein fahren sollen. Jetzte mußte er noch Angst haben, daß sie von einer Schlange gebissen wurde.

Sie hatten den Sumpf durchquert, liefen ein Stück auf

festem Boden durch Weidengestrüpp und kamen auf eine Wiese am Fuße eines Hanges. Die Wiese war gelb von blühendem Löwenzahn. Hier waren Bienen und Hummeln bei der Arbeit, überall über den Blumen blitzten gläserne Flügel, und ein samtenes Summen erfüllte die Luft. Dort, wo die Wiese in den Hang überging und sanft anstieg, schimmerte weiß ein lehmiges Auge. Die Quelle pulsierte, auf ihrer durchsichtigen Oberfläche breiteten sich Kreise aus.

»Ist er das? Ja? Der Beduinengott?« Das Mädchen warf das Fahrrad hin und lief zur Quelle. Sie beugte sich über das bewegte Wasser, erstarrte und sah sich hilflos um. Er kam heran und sah in die Quelle. Auf dem weißen glitschigen Grund drehte sich langsam, wie in trägem Tanz, eine tote Kröte. Er krempelte die Ärmel hoch, tauchte den Arm bis zum Ellenbogen ins Wasser, zog die Kröte raus und warf sie in die Blumen.

»Einmal«, erzählte er und wischte sich die Hand an der Hose trocken, »hab ich in der Quelle einen grauen Vogel mit einem ausgehackten Auge gefunden, auf den hatte wohl eine Weihe oder ein Habicht Jagd gemacht.«

»Ein blutrünstiger Gott«, meinte sie und blickte angeekelt in die Quelle.

Er zuckte die Achseln und beugte sich über das Wasser. Als er sich satt getrunken hatte, sah er seine Begleiterin spöttisch an. Sie preßte die Lippen zusammen und drehte sich weg.

»Trink schon, was hast du?«

»Nichts. Das mit dem Vogel hättest du mir nicht erzählen müssen.«

»Aber das ist doch schon lange her. Trink.«

Der Mund war heiß und trocken, wie in der Heimat dieser Beduinen mit den Kamelen. Da hatte er sich was ausgedacht – Beduinengott. Sie lächelte.

»Trink«, wiederholte er.

»Trink, trink«, äffte sie ihn nach, verzog das Gesicht, beugte den Kopf und näherte die Lippen dem gurgelnden Wasser. Dann besah sie ihre Beine, bewegte die schmutzigen Zehen und sagte:

»Waschen wäre nicht schlecht.«

Er holte einen Becher aus dem Rucksack, schöpfte Wasser aus der Quelle und goß es ihr über die Beine. Sie rieb die Beine trocken, die Kälte benahm ihr den Atem. Dann zog sie schnell Strümpfe und Schuhe an und hüpfte auf der Stelle, um sich zu erwärmen. Der Pony auf ihrer Stirn flog, unter ihrem T-Shirt zitterten die Brüste.

Er wandte den Blick ab, legte sich ins Gras und sagte:

»Komm, wir ruhen uns ein bißchen aus.«

Sie setzte sich ein Stück abseits hin.

Die Hummeln summten.

»Hat sie auch einen Namen? Naja, die Quelle, das ist der Beduinengott, und die Wiese?«

Er antwortete, die Wiese habe keinen Namen.

»Ich würde ihr unbedingt auch einen Namen geben. Die braucht einfach einen.«

»Und wie würdest du sie nennen?« fragte er träge.

»Irgendwie ... irgendwas in der gleichen Art.« Sie legte die Stirn in Falten. »Hummelwiese. Ja?«

Er blinzelte durch die gesenkten Lider zum Himmel und schwieg.

»Was meinst du?« fragte sie.

»Das gibt's hier überall.«

»Was?« Sie begriff nicht.

»Wiese. Hier sind lauter Wiesen mit Blumen.«

»Dann eben nicht, wie du willst«, erwiderte sie und wandte sich ab.

Sie war gekränkt. Er müßte etwas sagen, aber die Sonne brannte durch das Hemd, die Zunge war schwer, die Lider waren schwer, und er mochte nicht denken, er mochte gar nichts. Er lag da und sagte nichts. Sie saß und beobachtete die dicken gestreiften Hummeln. Die Hummeln ließen sich auf dem Löwenzahn nieder und drangen in die Blüten ein wie in einen weichen gelben Wald, sie sammelten Nektar.

Zwei leuchtende Punkte, braungrüner Gummikringel, du hättest mir heute nicht über den Weg laufen müssen, an diesem letzten Tag, jetzt muß ich auch noch Angst haben, daß du das Mädchen beißt; die Schlange hob den Kopf und lächelte fein, er schreckte auf, öffnete die Augen, und ihm fiel ein, daß das Mädchen wohl gekränkt war. Er setzte sich auf und sagte:

»Klar, warum nicht, das ist gut.«

»Wovon redest du?« fragte sie gleichgültig und blinzelte.

»Na ja, Hummelwiese.«

»Ach so«, reagierte sie. »Vielen Dank für die Freundlichkeit.«

Er mußte lachen. Das Mädchen sah ihn böse an. Er hörte auf zu lachen.

»Entschuldige, aber das ist zum Lachen«, murmelte er. »Warum zanken wir uns eigentlich?«

»Ich zanke mich gar nicht. Ich will überhaupt nichts von dir. Und überhaupt kann ich auch ... den Weg kenn ich ja jetzt.«

Sie hat gemerkt, daß ich mich frage, ob es richtig war, sie auf dieser letzten Fahrt mitzunehmen. Ich hätte es ja auch lassen können, aber ich wollte doch mit ihr fahren, oder etwa nicht? Wieso benehme ich mich dann jetzt wie ein Idiot!

»Na komm, was soll der Streit, hören wir auf damit. Ich hab einfach nicht ausgeschlafen oder was. Ich bin irgendwie nicht gut drauf.«

»Schlaf ruhig! Ich werd dich nicht stören.«

»Ich will nicht mehr schlafen. Ich bin bereit zur Arbeit

und zum Kampf. Fahren wir weiter? Hast du dich ausgeruht? Bist du sehr müde?« fragte er hastig und sah ihr in die Augen. »Willst du noch was trinken? Soll ich dir Wasser holen? Ich hol dir was.« Er stand auf, ging zur Quelle und brachte ihr einen Becher Wasser. »Trink. Das Wasser hier schmeckt gut. Besseres hab ich noch nie getrunken. Du etwa?«

Das Mädchen konnte sich nicht länger beherrschen, sie prustete in den Becher, besprühte dabei sein Gesicht und lachte.

Sie verließen die Talsohle und kamen auf einen kleinen Hügel voller langstieliger goldgelber Blumen. Sie fragte, wie die Blumen hießen, sie kämen ihr sehr bekannt vor, aber der Name wolle ihr nicht einfallen. Ehe er antworten konnte, hatte das Mädchen auf der Wiese etwas entdeckt und stieß ein überraschtes »Oh!« aus.

Auf die Wiese – die Wiese wurde schon seit langem nicht mehr gemäht, sie war verwildert, von dickem, wie Kiefern ausladendem Bärlapp, Wermut und Gestrüpp überwuchert – auf die Wiese kam aus dem Wald ein Pferd. Es war gedrungen, braun, hatte rundliche Flanken, eine wirre Mähne und stämmige Beine. Das Pferd neigte den massigen Schädel, zupfte Gras und betrachtete, bedächtig kauend, die Wiese. Schließlich bemerkte es die Menschen. Das Pferd hörte auf zu kauen, spitzte die Ohren, blähte die Nüstern und beobachtete die beiden Figuren zwischen den goldgelben Blumen. Es begriff, das waren keine Elche, sondern Menschen, es entblößte das Gebiß, wieherte böse und lief zurück zu den Birken.

»Es ist weg.« Das Mädchen flüsterte. »Wie kommt es überhaupt hierher?«

»Vielleicht weggelaufen«, antwortete er ebenfalls flüsternd, räusperte sich und setzte laut hinzu: »Aus irgendeinem Dorf vielleicht. Irgendwas hat ihm nicht gefallen, und da ist es abgehauen. Vielleicht hatte es keine Lust mehr, seinen Karren zu ziehen, und ist abgehauen.«

»Du hast gesagt, hier gibt's keine bewohnten Dörfer mehr.«

»Vielleicht kommt es aus einem Dorf weit weg ... Toll, was?«

»Ja!«

»Ansonsten wimmelt es hier von Elchen. Und Wildschweinen. Mir ist mal eins hinterhergerannt.«

»Ein Wildschwein?«

»Ja. Es hatte Familie, und ich bin direkt auf sie gestoßen, da ist es auf mich los, und rundum nur Büsche, nicht ein einziger Baum. Aber es war wohl nicht sehr wütend, hat mich nur weggejagt und ist dann zu seiner Familie zurück.«

»Kann ich mir vorstellen, wie du gerannt bist.«

»Und wie ich gerannt bin. Ich hab gesehen, es läuft mir schon nicht mehr hinterher, und bin trotzdem weitergerannt. Später hab ich mir ein Gewehr gekauft. Von einem Typen.«

»Und wo hast du das?«

»Ach!« Er winkte ab, schwang sich auf sein Rad und sah ungeduldig nach vorn.

Das Mädchen spürte, wie ruhig und sicher es mit einem Gewehr gewesen wäre, und fragte noch einmal: »Wo ist es denn!« Er antwortete: »Verloren.« Sie fragte: »Wo?« Er wies mit dem Kopf zur Seite: Irgendwo, da irgendwo.

Sie fuhren auf einem verwilderten Weg. Hoch am Himmel kreiste ein Vogel. Im Sumpf im Weidengebüsch stand das Pferd und wartete.

Hoch am Himmel kreiste ein Vogel. Es war ein alter brauner Raubvogel mit gefleckter heller Brust. Er kreiste im tiefen Blau zwischen den Wolken. Tief unten kreisten langsam graue, gelbe und grüne Flecken; Pfützen leuchteten auf. Die Luftströmung blähte das Gefieder und umspielte den grauen Kopf mit dem gebogenen Schnabel. Unten lag die schillernde, zitternde Erde. Dort lärmten Vögel und Frösche, summten Bienen und Mükken, dort war es laut und heiß. Der alte Vogel schwebte im Himmelsblau zwischen den Wolken, hier war es still und kühl.

Wo der Sumpf begann, stand im Gebüsch versteckt das Pferd. Mücken und Bremsen krabbelten über den warmen, mit dicker, verschwitzter Haut bedeckten Berg und suchten, mit den Flügeln zitternd, nach empfindlichen Stellen, drangen mit dem Rüssel in die Haut ein und saugten Blut. Fliegen machten sich in den eitrigen Wunden auf der Kruppe zu schaffen; die Wunden waren symmetrisch, rund und tief. Das Pferd stand im Gebüsch, seine großen schwarzen Augen schielten zur Seite, die Ohren lauschten angespannt auf jeden Laut des heißen Frühlingstags, mit dem Schwanz schlug das Pferd nach den blutgesättigten Saugern und erbebte in Erinnerung an die Menschen zwischen den gelben Blumen.

Tief im Sumpf, zwischen den Bülten lag in warmen braunen Furchen eine Rotte Wildschweine in leichtem Schlaf. In den Höhlen des Fuchshügels dämmerten Dachse und eine Füchsin mit ihren Jungen.

Sie fuhren über eine verwilderte Wiese und sahen den hohen, von Gestrüpp überwucherten Fuchshügel; er überragte die Waldstücke; auf seiner Seite leuchtete ein riesiger heller Fleck.

Sie überquerten die Wiese, schoben die Räder durch eine Niederung bis zu einem Feld, stiegen erneut auf und gelangten bald wieder zu einem Hügel. An seinem Fuß stiegen sie ab und bahnten sich durch Gras und Blumen einen Weg hinauf.

Die Blumen kitzelten ihre Fußsohlen. Aufgeschreckte Bienen und Hummeln rissen sich böse summend von den Blüten los, schwirrten ihnen vorm Gesicht und flogen dann widerwillig weg.

Mittagswind kam auf.

Die Blätter der Sträucher raschelten, Gras und Blumen wogten auf und nieder. Der Wind trocknete ihre verschwitzten Gesichter und kühlte die schweißnassen Sachen. Das kurze schwarze Haar des Mädchens geriet durcheinander und peitschte Stirn und Wangen.

Sie erreichten die Spitze des Hügels. Das Mädchen blickte sich um.

Unten brodelten grüne Lagunen und blinkten dunkelrote, violette und zitronengelbe Punkte und Kleckse. Im durchsichtigen tiefen Blau flatterten Lerchen; Espen- und Birkeninseln schwammen auf den Horizont zu, in der Ferne hingen Smaragdenhügel und dunkle Tannenwälder.

Ein Faulbeerstrauch blühte am Westhang; es wehte ein heftiger Wind, und schwacher Faulbeerduft drang bis zur Spitze des Fuchshügels.

Er nahm die Mütze ab, hielt seinen kurzgeschnittenen kantigen Kopf in den Wind und sagte, manchmal übernachte er hier. Das Mädchen schwieg. Er sagte nichts mehr, sie standen da, schwiegen und blickten von der Spitze des sanften grünen Fuchshügels.

Sie stiegen wieder hinunter, und er fragte, wo sie noch hinwolle, zum Roten Fluß, zu den Kaffeeteichen oder ins Dorf. Sie sagte, überallhin. Aber sie mußten sich entscheiden. Es war schon drei, sie würden ohnehin spät nach Hause kommen. Am Roten Fluß würden sie baden und sich sonnen können. An den Kaffeeteichen lebten jetzt Kraniche. Und im Dorf; vom Dorf hatte er erzählt, ach, das Dorf! ach, im Dorf! Das sei das reinste Paradies und so. »Ins Dorf«, sagte sie.

Bei einem alten Birkenwäldchen lag das Dorf. Zuerst sahen sie die langen dicken Birken, dann, von einer Anhöhe aus, das Dorf.

Das Dorf blühte. Es blühten die knorrigen Kirschbäume, Apfelbäume und Fliedersträucher. Neben den Hütten und in den Gärten wuchsen mattgelbe übelriechende Büschel Bilsenkraut, wucherte dottergelber Löwenzahn, rosa Wurmkraut und goldgelber Flachs. Zwischen den Brennesseln leuchtete purpurrotes Beinwell, Primeln reckten ihre blassen Lippen. Neben dem vermoosten, fauligen Brunnen blühte ein ausladender Weißdornbusch. Spechte und Drosseln lärmten, graue Waldvögel hüpften von Zweig zu Zweig, übersäten den Boden mit weißen Blütenblättern, flöteten, schlugen, pfiffen. Auf den Balken der Hütten mit den gähnenden Fensterhöhlen grünte Moos. Auf den durchgefaulten schiefen Dächern wuchsen dünne Espen, Birken und Kamille. Es roch nach Blumen, Grün, Fäule und Schimmel.

»Ich hab mir das Badehäuschen hergerichtet. Da am Abhang. Das ist meine Hütte.« Er sah sie fragend an. »Gefällt's dir?«

»Hier?« fragte sie verwirrt und blickte sich um. »Ja. Nur ...«

»Was?«

»Es ist nur irgendwie ... einfach ungewohnt. Kommt der Geruch vom Brunnen?«

»Ja. Ich hole immer aus dem Bach Wasser. Im Wald ist ein Bach.«

Sie liefen die kurze Dorfstraße entlang, vorbei an grauen verfallenen Hütten und an Gärten, aus deren grünem Dickicht da und dort morsche Zäune ragten.

Über der Tür des Badehäuschens hing ein knorriger Ast.

»Das ist der Wächter«, sagte er, und da erkannte das

Mädchen einen schiefen Mund, ein paar dicke Haare und eine Augenhöhle auf der Stirn.

Die Tür knarrte, und sie betraten das Häuschen. Als das Mädchen sich an das Dämmerlicht gewöhnt hatte, sah sie einen Ofen, ein Eisenbett mit zerschlissener strohgefüllter Matratze, einen Tisch, ein verglastes Fenster und ein Regal unterm Dach – dort lagen Kerzen, Streichhölzer, ein Päckchen Salz, und da standen ein Teekessel, ein Becher mit einem Löffel darin und ein Topf. Es roch nach Schimmel und abgestandenem Rauch.

»Das ist so seltsam«, murmelte sie.

»Essen kochen wir draußen«, sagte er und nahm Teekessel und Topf vom Regal.

Er ging zum Bach. Das Mädchen setzte sich auf die Bank und fühlte sich augenblicklich erschöpft und müde. Sie wollte nichts essen, sie wollte sich hinlegen und die schweren, juckenden Beine ausstrecken. Sie legte sich hin und schlief ein.

Als sie hinausging, machte er schon Feuer. Er riß ein Streichholz an und hielt es an den Holzstoß; die Flamme leckte am trockenen Holz und schlug gleich darauf hoch gegen den Boden des Kessels und des Topfs mit Wasser.

»Kommst du auch im Winter hierher?« fragte sie und hockte sich vor das Feuer.

Er nickte.

»Hier ist es seltsam«, sagte sie. »Schön, aber irgendwie seltsam. Wie hast du das alles gefunden?«

»Ich war mal zum Pilzesammeln rausgefahren und bin dabei auf die Teiche gestoßen. Vielleicht, hab ich mir gedacht, gibt's hier Karauschen. Ich bin wieder hergekommen, mit dem Angelzeug. Und Karauschen gab's wirklich! Und das hier.«

»Schade, daß du das Gewehr verbummelt hast. Wegen

der Wölfe. Und Menschen können schließlich auch ... Irgendein Entlaufener. Oder? Kommen hier oft Leute her?«

»Nein, das Moor schreckt sie ab. Höchstens mal ein Pilzsammler ... Und im Winter kommen Jäger her, auf Skiern, und jagen Hasen.«

»Im Winter ist es toll, nicht? Irre, stimmt's? Schneesturm, Wölfe, und du heizt deinen Ofen.«

Das Wasser im Topf begann zu brodeln. Er wollte Graupen in den Topf schütten, aber das Mädchen bat: »Laß mich das machen«; und er gab ihr das Salz, den Löffel, der mit Draht an einem Stock befestigt war, einen Beutel Graupen und eine Büchse Fleisch. Sie schüttete drei Handvoll Graupen in das kochende Wasser, gab eine Prise Salz dazu, wandte ihr Gesicht von der heißen Feuerstelle ab und rührte das Essen um. Er saß ihr gegenüber, blickte ins Feuer und dachte, in drei Tagen also, für zwei Jahre. Na schön, das waren keine fünfundzwanzig Jahre. Und Krieg war auch nicht. Das war ein Klacks – zwei Jahre.

Die Graupen quollen auf und wurden weiß. Das Mädchen schüttete die Fleischkonserve in den Topf und rührte die rosa Stückchen unter die Graupen. Sie nahm Topf und Kessel vom Feuer, in den Kessel schüttete sie Tee. Sie wischte sich das rote, nasse Gesicht ab und sah ihn an: Das mach ich geschickt, stimmt's?

Sie aßen im Badehäuschen, am Fenster. Schweigend verzehrten sie den dampfenden Brei, dazu weiches Schwarzbrot, und sahen aus dem Fenster. Dann tranken sie Tee. Das Mädchen dachte: Gibt es wirklich irgendwo die Stadt? Waren sie wirklich erst heute aus der Stadt gekommen?

Von der Straße drang ein scharfer böser Schrei herein, das Mädchen verschluckte sich, hustete und sah den Hausherrn ängstlich an.

»Das ist ein Wanderfalke. Er lebt im Wald. Ein seltener Vogel.«

Das Mädchen nickte. Aber in ihren Augen stand Angst. Sie zögerte einen Moment, dann sagte sie:

»Trotzdem wäre ein Gewehr ... mit dem Gewehr ... warum hast du bloß ...?«

Das Jagdgewehr Kaliber sechzehn lag unter einer dicken Schlammschicht auf dem Grund eines der sieben Kaffeeteiche. Er antwortete widerstrebend:

»Ich hab's verloren.«

»Schwindelst du?« fragte sie vorsichtig.

»Nein.«

»Doch«, sagte sie. »Das seh ich. Du solltest lieber nicht schwindeln. Das sieht dir jeder gleich an.«

»Was hast du bloß mit dem Gewehr?«

»Nichts. Es wär einfach besser.«

»Wär es nicht. Ich weiß das ... Ich hab's versenkt.«

»Wirklich?«

»Was kuckst du so? Was ist denn dabei? Es war mein Gewehr, ich hab's samt Patronen von einem Typ gekauft, und dann hab ich's eben versenkt.«

»Und warum?«

»Ich wollte es nicht mehr. Selbst ein Knüppel schießt einmal im Jahr. Und ein Gewehr erst recht. Selbst wenn du gar nicht schießen willst.«

Sie schwiegen. Das Mädchen seufzte.

»Tut's dir leid?« fragte er spöttisch.

»Hmhm«, antwortete sie. »In drei Tagen mußt du zur Armee, da kriegst du kein Gewehr mehr, sondern Handgranaten und eine MPi.«

»Ach so, das meinst du.«

»Ich hab doch Köpfchen. Stimmt's?«

»Hast du. Na ja, krieg ich das eben, na und. Dreimal auf den Schießplatz, und die Sache hat sich. Ein Freund ist gerade von der Armee zurück, der hat erzählt: in den ganzen zwei Jahren waren sie dreimal auf dem Schießplatz, und das war's. Auf Sperrholzfiguren schießen.«

»Aber sie können dich doch ...« Das Mädchen hielt inne.

»Was?«

»Wohin sie wollen, können sie dich schicken. In diesen ... in diesen Krieg. Können sie das, Vitja?«

Er zuckte die Achseln. Er goß sich Tee ein, nahm einen Schluck. Er hatte diesen Krieg vergessen. Irgendwie völlig vergessen. Die Zeitungen schrieben darüber unklar, widerwillig. Schwer zu begreifen, ob die Russen da kämpften oder Bäume pflanzten und Kindergärten bauten.

Wieder schrie der alte Vogel, und im selben Moment war ein ferner, dumpfer Laut zu vernehmen. Kurz darauf noch einmal.

»Gewitter?« fragte er sich unsicher, stand vom Tisch auf und ging raus. Das Mädchen lächelte verwirrt und freudig und kam auch nach draußen.

Der Himmel über dem Dorf war klar. Ein heftiger Wind peitschte ab und an die Birkenblätter. Es war frisch.

Die Sonne stand schon im Westen. Sie schien schräg auf das grüne Feld, auf morsche, durchgefaulte Dächer, schwarze Zaunreste und weiße Gärten.

»Da«, sagte sie und wies mit dem Finger auf den Himmel über dem Wäldchen.

»Ist das der Wanderfalke?«

Über dem Wäldchen kreiste ein Vogel mit braunen Flügeln und gefleckter Brust.

»Merkst du«, sagte sie heiser und hustete, »wie die Gärten plötzlich duften?«

»Das bedeutet Regen«, sagte er, ohne sie anzusehen. »Wir müssen weg. Die Wege werden aufgeweicht.«

In Indien, da dauern diese Tropenregen wochenlang,

dachte sie und sah hilfesuchend zum Himmel über dem Wäldchen, aber der Himmel war klar.

»Bist du zufrieden? Hat's dir gefallen?« fragte er.

Sie nickte stumm.

»Hattest du auch nicht zu viel Angst ohne Gewehr?« fragte er lächelnd.

Sie schüttelte den Kopf.

»Wollen wir in zwei Jahren wieder hierherkommen?«

»Ja.«

»Für lange.«

»Ja.« Sie zwang sich zu lächeln.

»Wir müssen«, sagte er und ging in das Häuschen. Er sammelte Löffel und Becher ein, nahm Topf und Teekessel und ging zum Bach.

Sie stand immer noch an derselben Stelle und sah, wie er auf die Birken zuging, wie er zwischen den Birken lief ... Stämme und Sträucher verdeckten ihn, dann tauchte er wieder auf, verschwand wieder. Sie hätte das Geschirr selbst abwaschen sollen, dachte sie, rührte sich nicht von der Stelle und rief nicht nach ihm. Er entfernte sich immer weiter, wurde immer dünner und gespenstischer. Die Sonne schien auf die Birken. Risse, Auswüchse und Flecke hoben sich schwarz von den weißen Stämmen ab. Über dem Wäldchen kreiste der alte Raubvogel.

Der Rand einer Wolke hing über dem Wäldchen.

Er kam aus dem Wäldchen gelaufen, rannte in das Häuschen, stellte das abgewaschene Geschirr hin, kehrte zurück und griff nach dem Lenker seines Fahrrads.

»Komm!«

Sie folgte ihm gehorsam. Sie wollte sagen, es wird gleich regnen, bleiben wir hier und warten den Regen ab, was kümmern uns die Eltern? Na und, die Eltern, was soll's, laß doch die Eltern, ich will nicht an meine Eltern denken. Sie folgte ihm schweigend.

Sie erreichten die Dorfstraße, stiegen auf die Räder und fuhren los.

Es regnete ein paar Tropfen und hörte wieder auf. Schade, daß es in Rußland keinen Tropenregen gibt, der tagelang, wochenlang, monatelang dauert, dachte sie.

Als sie auf der Anhöhe waren, blickte sie zurück.

Die Wolke war nach Süden abgetrieben. Über dem Wäldchen und dem Dorf leuchtete der Himmel blau. Die Gärten im Dorf waren weiß. Bestimmt lärmten und spektakelten dort wieder die kleinen grauen Waldvögel, lärmten und spektakelten, hüpften von Zweig zu Zweig und übersäten den Boden mit weißen Blüten.

Die Feuertaufe

Die Aufklärungskompanie verließ nachts das Regiment. Die Schützenpanzer fuhren mit ausgeschalteten Scheinwerfern in Richtung Norden. Rasch blieben die Lichter des Regiments zurück, und die grenzenlose warme Frühlingsnacht nahm die Kolonne in sich auf.

Die Soldaten saßen auf den Kettenfahrzeugen und blickten zu den schweren Schnüren der Gestirne. Auch Kostomygin sah hinauf zu den Glitzerfäden und dachte, das Dröhnen der Motoren müsse noch in den entlegensten Kischlaks am Ende der Steppe zu hören sein, falls sie überhaupt ein Ende hatte.

Nach einer halben Stunde ging tief über der Steppe ein trüber Mond auf. Er stieg langsam höher, die Nacht wurde heller, und dem Blick eröffneten sich hüglige, zottige schwarzweiße Räume.

Vorn schimmerten weiße Mauern und Türme. Die Kolonne näherte sich zügig einem Kischlak.

»He, schlaft nicht!« sagte der Kompaniechef, das Kehlkopfmikrophon an den Hals gedrückt, und die Kommandanten der Schützenpanzer hörten ihn und machten der Reihe nach Meldung: Nummer soundso hat Sie verstanden. Die Geschütze wurden nach links und rechts geschwenkt, die Soldaten gerieten in Bewegung und griffen nach den MPis.

Die Kolonne raste mit unveränderter Geschwindigkeit durch den Kischlak, und nichts passierte.

Kostomygins Blick erhaschte dunkle Turmfensterchen, Häuser mit flachen Dächern, üppige Gärten hinter Lehmmauern, die langohrige Silhouette eines Esels neben einer Scheune.

Hinter dem Kischlak führte der Weg – er war jetzt ausgezeichnet zu sehen – bergab und mündete in einen flimmernden Fluß. Mit derselben Geschwindigkeit durchquerten die Fahrzeuge den seichten breiten Fluß und fuhren weiter.

Im Kischlak mit den blühenden Gärten hatte Kostomygin reichlich Luft geschluckt und schmeckte nun Süße im Mund. Er hielt sein Gesicht in den warmen Wind, fühlte an der Hüfte die Last der Magazintasche, spürte, wie straff seine Halbstiefel geschnürt waren und wie frei und leicht sein Tarnanzug war, ihm gefiel alles: der Mond, die bedrohliche Steppe, die Blütensüße im Mund, die bequeme Uniform, die Waffe auf der Brust, das Dahinjagen der mächtigen Fahrzeuge über die nicht enden wollende schwarzweiße Ebene unter den fremden hellen Gestirnen.

Vor einer Kette niedriger Hügel machte die Kolonne halt. Die Soldaten sprangen von den Fahrzeugen und vertraten sich die Beine.

Die Kompanie formierte sich zu einer Zweierkolonne und ging die Straße entlang. Die Fahrer blieben in den Fahrzeugen.

Die Kompanie bewegte sich längs der Hügel. Alle schwiegen und blickten finster auf die Hügelkuppen, die sich deutlich vor dem Sternenhimmel abzeichneten. Der Mond glitt zum westlichen Himmelsrand, wurde bronzefarben und leuchtete nicht mehr so hell.

Kostomygin hörte, wie der hinter ihm gehende Oparin, ebenso ein grünes »Söhnchen« wie er selber, mit dem Koppelschloß klapperte und den Verschluß der Feldflasche aufschraubte. Gleich darauf ertönte ein dumpfer Schlag, und Oparin prallte gegen Kostomygin. Der drehte sich um. Oparin ging mit eingezogenem Kopf weiter und befestigte hastig die Flasche am Koppel. Hinter ihm schritt der hochgewachsene, langbeinige Sergeant Schwarjow weit aus.

Man muß auf der Hut sein, dachte Kostomygin und wandte sich ab.

Die »Zeisige«, das heißt die Jungs, die schon sechs Monate gedient hatten, schärften den »Söhnen« ein, vorsichtig zu sein und nur das zu tun, was ihnen befohlen wurde; sie sagten, daß die Altgedienten nach jedem Einsatz alle Fahrlässigkeiten der »Söhne« untersuchten; eine Aufklärungskompanie, das sei was anderes als eine Artilleriebatterie oder ein Wirtschaftszug oder Infanterie, da müsse alles exakt funktionieren, nicht schlechter als bei jeder Landetruppe.

In einem Monat Kompaniedienst hatte Kostomygin genug Gerichtsverhandlungen der »Opas« gesehen, und bei der bevorstehenden Untersuchung wollte er durchaus nicht zu den Schuldigen zählen. Oparin hingegen stand schon auf der schwarzen Liste. Man mußte die Ohren steifhalten.

Der Mond verschwand, die Steppe wurde wieder schwarz, und die Sterne leuchteten heller. Die Kompanie schritt in gemessenem Tempo dahin.

Es wurde frisch. In der Steppe pfiff ein Vogel.

Vorn war Getrappel zu hören.

»Im Laufschritt marsch!« befahl Schwarjow in lautem Flüsterton, und Kostomygin rannte los. Wir sind spät dran, überlegte er.

Sie rannten lange, schwitzten und schluckten Staub.

Kostomygin hielt mit einer Hand die MPi fest, mit der anderen die Feldflasche. Aber die Tasche mit Magazinen schlug ihm schmerzhaft gegen die Hüfte, da ließ er die MPi los und hielt die Magazintasche fest. Nun schlug ihm die MPi gegen die Brust, was noch schmerzhafter war, und er griff wieder nach ihr.

Sie rannten so schnell und lange, daß es in Kostomygins Brust rasselte, und er schwor sich, keine Zigarette mehr anzurühren, nie wieder.

Schließlich waren sie bei dem letzten Hügel angelangt und erblickten in der Steppe die Silhouetten von Türmen, Häusern und Mauern. Wind wehte vom Kischlak herüber, und Kostomygin nahm wieder den zarten Blütenduft wahr. Der Wind blies stärker, und eine kräftige Blütenwelle überflutete die verstaubten, schweratmenden Männer in der feuchten, streng riechenden Kleidung.

Am letzten Hügel war eine Gabelung: Der Weg, auf dem sie gekommen waren, führte in den Kischlak, der andere in die Steppe. Der Kompaniechef schickte zwei Züge, mit je einem Leutnant, zum Kischlak, die übrigen gingen auf dem Hügel hinter Findlingen in Deckung und richteten die leichten MGs und die MPis auf die Weggabelung.

Kostomygin schmiegte sich an die Steine und fühlte, daß sie feucht waren und Bauch und Brust angenehm kühlten. Er spie immer wieder staubigen, zähen Speichel aus und dachte: Ob ich jetzt einen Schluck aus der Flasche nehme oder noch nicht? Er blickte sich nach allen Seiten um, schnallte vorsichtig das Koppel auf, hob die Flasche zur Brust, ohne sie vom Koppel zu lösen, schraubte den Verschluß ab, beugte den Kopf, legte die vorgestülpten Lippen an den Flaschenhals und nahm einen Mundvoll Wasser. Nachdem er den Mund gespült hatte, schluckte er das Wasser hinunter, denn zum Ausspucken war es zu schade. Noch einmal saugte er an der Flasche, schraubte sie zu, ließ das Koppelschloß einschnappen, wischte sich die Lippen und dachte: Jetzt eine rauchen.

Am Himmel war ein Stern geblieben, die Venus. Die Straße wurde heller, der Kischlak rückte näher. Auf der Straße war niemand zu sehen. Alle blickten dorthin, auch Kostomygin, dabei dachte er, daß es sinnlos sei, denn hier würde ja doch keiner erscheinen, und es würde keine Schießerei geben. Die Sonne würde aufgehen, und sie würden ins Regiment zurückkehren. Das war sein erster Einsatz, und er glaubte nicht, daß es ein richtiger werden würde, einer von denen, über die die Kompanieveteranen so plastisch erzählten.

Ihm wurde es über, auf den Weg zu schauen, auf dem sowieso niemand kommen würde, er gähnte und schloß die Augen, damit sie sich ausruhen konnten. Er schlief nicht länger als eine Minute und wachte zusammenzukkend auf. Nicht nachlassen, sagte er sich und starrte wieder hingebungsvoll auf die Straße.

Es wurde hell, in den Gärten des Kischlaks schlugen die Nachtigallen, und ein Hahn übertönte ein paarmal mit schnarrendem Geschimpfe ihre zarten Triller.

Als der Osten und die Steppe im Osten sich röteten, erschallte über dem Kischlak ein durchdringender Schrei. Kostomygins Schläfrigkeit war wie weggeblasen, er packte die MPi, reckte den Hals und spähte über die Steine. Der Schrei wiederholte sich, und dem Soldaten zog sich das Herz zusammen: Nun ist er da, der Krieg! Doch die neben ihm liegenden Soldaten blieben ruhig. Er schielte zu ihnen, kämpfte mit sich und fragte dann doch flüsternd den »Zeisig« Medwedew, was das denn zu bedeuten habe. Medwedew grunzte und flüsterte, daß deren Pope so gröle.

Die Sonne war aufgegangen, Die Steppe färbte sich grün bis zum Horizont, im Kischlak krähten die Hähne, muhten die Kühe, brüllte ein Maultier, und der Himmel war von strahlendem Blau, was zum Teufel ist das für ein Krieg!

Der Kompaniechef stand auf, schüttelte sich und sagte: »Ihr könnt rauchen.«

Die Soldaten erhoben sich, gähnten geräuschvoll, unterhielten sich, rissen Streichhölzer an und hüllten sich, die Augen halb geschlossen, in Zigarettenrauch.

Der Kompaniechef blickte verdrossen zum Kischlak.

»Sanytsch«, sagte er zum Funker, »ruf die Männer vom Kischlak zurück und sag den Fahrern, sie sollen mit den Karren herkommen.«

»Genosse Hauptmann, vielleicht hat die Karawane den Kischlak schon passiert?« mußmaßte Schwarjow.

Der Hauptmann schüttelte den Kopf.

»Nein. Nach den Berechnungen brauchen sie von den Bergen herunter eine Nacht. Solange es nicht dunkel ist, können sie sich nicht von der Stelle rühren, also sind sie gestern spätabends in den Bergen aufgebrochen und hätten gegen Morgen hier sein müssen.«

»Und wenn sie doch durch sind?«

»Dann müßten ihre Kamele Düsenantrieb haben«, erwiderte der Kompaniechef unwillig.

Der Funker beorderte die Züge zurück, die in der Steppe vor dem Kischlak lagen. Dann nahm er Verbindung mit den Fahrern auf.

Der Kompaniechef setzte sich auf einen Stein, nahm den Panamahut ab und kämmte sich bedächtig. Schwarjow lungerte in seiner Nähe herum, stieß kleine Steine locker und pfiffelte traurig.

»Warum bist du so zapplig, Schwarjow?« sprach ihn der Kompaniechef ungehalten an.

»Genosse Hauptmann, wenn sie sich nun doch irgendwie in den Kischlak reingeschlichen haben?«

»Denkst du, unsere Jungs liegen dort die halbe Nacht umsonst da? Es sei denn, sie haben gepennt ...«

»Vielleicht sollten wir den Kischlak durchsuchen, Genosse Hauptmann? Plötzlich wimmelt's da von Waffen und Muselmännern.«

Der Hauptmann blies nachdenklich den Kamm sauber, schob ihn sorgsam ins Futteral und steckte ihn weg. Schwarjow blickte ihn abwartend an.

»Wieviel Kerben hast du, Schwarjow?« fragte der Hauptmann müde.

»Was für Kerben?«

»Auf dem Kolben, Schwarjow, auf dem Kolben. Denkst du, ich weiß nicht, wo ihr eure Kerben einritzt? Ich weiß alles, Schwarjow. Irgendwann leuchte ich euch heim wegen Waffenbeschädigung.«

»Das ist doch keine Beschädigung. Nur kleine Kratzer, weiter nichts«, sagte der gutgewachsene grauäugige Salichow lächelnd.

»Und wozu ritzt du Kerben in den Kolben?«

Salichow lief rot an und zuckte die Achseln.

»Wohin denn sonst?«

»In deine Haxen und Fäuste.«

Alles lachte.

Alle haben gebräunte Gesichter, bloß seins ist milchweiß. Ob er sich absichtlich vor der Sonne in acht nimmt? dachte Kostomygin plötzlich, während er das längliche zarte Gesicht Salichows betrachtete.

Salichow war der Liebling der Kompanie. Er hatte eine melodische Stimme und spielte wunderbar Gitarre. Er fing mit niemandem Streit an, ließ die »Söhne« in Ruhe und schrie sie nicht an. Seine ganze Freizeit verbrachte er mit einem Landsmann aus einer Infanteriekompanie auf dem Sportplatz; wenn sie trainierten, fanden sich immer viele Gaffer ein. Bei schlechtem Wetter lag er mit einem Buch auf dem Bett. Im zivilen Leben wartete ein großäugiges, schwarzhaariges Mädchen mit einem ebenso milchzarten Gesicht auf ihn; ihr großes Foto lag im Nachtschränkchen, und die Schürzenjäger der Kompanie nahmen es manchmal heimlich heraus und betrachteten es wollüstig. Salichow bekam von seinem Mädchen sehr oft pralle Briefe, und alle beneideten ihn. Um den Hals trug er ein Amulett mit einer Locke von ihr, und alle beneideten ihn.

Kostomygin hätte sich gern mit ihm angefreundet. Er schrieb oft seinem älteren Bruder und schüttete ihm sein Herz aus, aber was sind Briefe? Da ist die lebendige Unterhaltung mit einem klugen Gesprächspartner doch was ganz anderes. Er dachte, Salichow sehne sich bestimmt auch nach einem seelenverwandten Menschen, geniere sich aber, auf ihn zuzugehen und ein Gespräch über gute Bücher und ähnliches anzuknüpfen. Ständig hoffte er, Salichow werde ihn mal ansprechen. Aber Salichow sprach ihn nicht an und nahm die »Söhne« überhaupt kaum zur Kenntnis.

»Also, wieviel Kratzer hast du auf dem Kolben, Schwarjow?« fragte der Hauptmann, während er den vom Kischlak zurückkehrenden Soldaten entgegensah.

»Sechs.«

»Und das reicht dir nicht?«

»Nein.«

»Du bist ein richtiger Dracula, Schwarjow.«

Alles lachte.

»Was wiehert ihr?« fragte der Hauptmann spöttisch. »Wißt ihr, wer Dracula war?«

»Nein«, sagte jemand.

»Dann lacht auch nicht.«

»Was war das denn für einer, Genosse Hauptmann?« fragte der »Zeisig« Medwedew einschmeichelnd. »Hat der auch Kerben eingeritzt?«

»Nein«, antwortete der Hauptmann, »das war im fünfzehnten Jahrhundert ein Fürst, der hat die Mützen festgenagelt.«

»An den Köpfen?« erriet Medwedew.

Der Hauptmann nickte, und alle lachten schallend, als wäre das Gott weiß was für ein Witz.

»So weit hab ich's noch nicht gebracht«, sagte Schwarjow mit zufriedenem Lächeln. »Was bin ich also für ein Dracula?«

»Ja«, stimmte der Hauptmann zu. »Einen Unterschied gibt's. Er war nicht Sergeant, sondern Fürst.«

Die Schützenpanzer rollten heran. Die Soldaten verteilten sich auf die Fahrzeuge und holten ihre Marschverpflegung: Büchsenfleisch, Büchsenkäse, Zucker und Brot. Sie setzten sich neben den Fahrzeugen auf den Boden und frühstückten.

Schwarjow hatte im Nu sein Hackfleisch verputzt, schloß genüßlich die Augen, aß den zarten gelben Käse, knabberte den Zucker, trank die Feldflasche halb leer, hielt lauschend inne und stieß einen Seufzer aus: »Davon kriegt man erst einen Bärenhunger.«

»Ja!« ließ sich der Fahrer Mamedow vernehmen. »Du hast da drin großen Bären!« Er tippte mit dem Finger auf Schwarjows mageren Bauch und lachte. »Du futterst und futterst, sätzt aber kein Fleisch an. Die Mädchen wärden dich nischt liebän. Sie liebän Gutgenährte.«

»Na ja.« Schwarjow reckte die Schultern. »Na ja, Mamed, ihr stellt die Weiber vielleicht mit dem Bauch zufrieden, aber unsre Matrjoschkas, die brauchen was Handfesteres!« Er warf einen Blick auf Oparin und rief: »Was grinst du! Friß schneller, im Einsatz muß man alles schnell machen: fressen, sch ...«

Oparin hörte auf zu lächeln, senkte den Löffel in die rosa Masse und sagte plötzlich: »Genosse Sergeant, möchten Sie? Mir schmeckt's nicht, ich eß lieber Käse.«

Kostomygin blickte Oparin an und wandte sich ab.

Ein Stück Dreck, dieser Oparin. Er will den »Alten« alles recht machen, damit sie ihn freundlicher behandeln und nicht andauernd drangsalieren und knechten. Er ist der einzige von den »Söhnen«, der den Altgedienten die Socken und Klamotten wäscht. Die übrigen haben sich brüsk geweigert und sind grausam verprügelt worden, aber dafür haben sie nun ihre Ruhe, während Oparin immer noch alle »Opas« bewäscht.

»Wer sich knechten läßt, der wird geknechtet«, hatte ihn der ältere Bruder gewarnt, und nachdem Kostomygin eine Weile in der Armee gedient hatte, wußte er, das stimmte. Er würde den Worten des Bruders jetzt nur noch hinzufügen: Aber man muß in allem das richtige Maß kennen. Krylow, zum Beispiel, der kannte kein Maß, er ging in seiner Widerspenstigkeit so weit, daß er den »Opas« selbst ganz harmlose und geringfügige Dienste verweigerte, woraufhin sie ihm ein »Leben nach Dienstvorschrift« verpaßten. Kein Mensch in der Armee lebt nach Vorschrift; Tag für Tag und Nacht für Nacht alle Vorschriften und Anordnungen strikt zu erfüllen, das übersteigt Menschenkraft, dem ist weder ein Soldat noch ein General oder Marschall gewachsen, und selbst der tapferste Soldat kriegt am ersten Tag eines »Lebens nach Vorschrift« das Heulen. Auch Krylow hielt es nicht aus und schrieb einen düsteren, wahrheitsgetreuen Brief nach Hause. Seine Angehörigen schickten den Brief ans Verteidigungsministerium, und bald darauf kam ein drohendes Schreiben im Regiment an, der Fall wurde untersucht. Krylow forderte die »Söhne« auf, die ganze Wahrheit zu erzählen, aber das wollte keiner; die »Söhne« schätzten nüchtern ein, daß alle »Alten« sowieso nicht ins Strafbataillon kämen, einer oder zwei würden bestraft, und mit den übrigen müßten sie weiterhin zurechtkommen. Also blieb Krylow auf verlorenem Posten. Im Verlauf der Untersuchung stellte sich heraus, daß er zu Recht – nach der Vorschrift – geschurigelt worden war, und der Fall wurde niedergeschlagen. Krylow wurde in die Hilfswirtschaft versetzt, in den Schweinestall. Kostomygin sah ihn häufig bei den Kantinen; der schmuddlige, unrasierte Krylow schleppte Kübel mit Abfällen und kippte sie, sich Hände und Stiefel mit der Brühe beschmaddernd, in ein eisernes Hundertliterfaß auf zwei Rädern, das von dem Beuteesel »Muselmann« gezogen wurde.

Nein, man muß in allem das richtige Maß kennen. Krylow kannte kein Maß, ebensowenig Oparin; wenn ihm das Hackfleisch wirklich nicht schmeckte, hätte er es ja einem der »Söhne« anbieten können, und sei es ihm, Kostomygin. Ja, Oparin und Krylow waren zwei Pole, die man beide meiden mußte. Das werde ich meinem Bruder schreiben, mal sehen, was er dazu sagt, überlegte Kostomygin.

»Hör mal!« sagte Schwarjow scharf. »Stell dir vor, ich friere im Winter, gibst du mir dann deinen Mantel? Weißt du, was das hier für Winter sind? Huuu!«

»Ach, wenn Wintär kommt, futterst du schon Mamas Plinsen«, erinnerte ihn Mamedow.

»Laß mal, Mamed«, wehrte Schwarjow ab. »Also, Oparin, gibst du ihn mir?«

Oparin sah ihn erschrocken an.

»Antworte!«

»Wenn's unbedingt sein muß«, murmelte Oparin und verstummte.

»Und wenn du hier ein Weib hättest, würdest du mir das abtreten?«

»Auf was für Ideen Sie kommen, Genosse Sergeant.« Oparin lächelte verlegen.

»Bloß mal angenommen. Antworte.«

Oparin klapperte hilflos mit den Augen.

»Antworte, du Sumpfkröte«, zischte Mamedow und grinste.

Oparin zuckte zusammen und sagte kaum hörbar: »Das ist aber doch zu ...«

»Waaas?« schrie Schwarjow.

»Zu unwahrscheinlich«, fügte Oparin hinzu.

»Ach, du Mistkäfer! Schleimscheißer. Du und Aufklärer! Dich muß man zu Krylow jagen. Friß dein Hackfleisch. Es schmeckt ihm nicht. Im Einsatz muß man fressen, soviel reingeht.«

»Wie du futterst, so kämpfst du«, flocht Mamedow ein.

»Kapiert?« fragte Schwarjow. »Das ist schon der zweite Fehler. Erinnerst du dich an den ersten?«

»Ja«, antwortete Oparin kleinlaut und machte sich über das Hackfleisch her.

Schwarjow steckte sich eine Zigarette an und warf einen zerstreuten Blick auf Kostomygin.

»Kostyl, warum drehst du dich weg? Bist du was Beßres?«

»Bloß so, ich guck zum Kischlak«, erwiderte Kostomygin!

»Nää, nischt bloß so«, sagte Mamedow. »Er verachtät Oparysch.«

»Du verachtest Oparysch?« fragte Schwarjow.

»Nein«, log Kostomygin.

»Na, paß auf, daß du kein Oparysch wirst, das geht ruck-zuck.«

»Die Söhnä machen sich überhaupt mausig«, bemerkte Mamedow und nahm einen Schluck aus der Feldflasche. »Ich hab gästern eine zivile Zigarätte verlangt, aber Kostyl hat mir nischt gebracht.«

»Im Ernst?« Schwarjow fixierte Kostomygin mit schmalen Augen.

»Man muß sie zügeln. Da bringen wir Oparysch Schliff bei und haben die andern vergässen.«

»Also, Kostyl«, sagte Schwarjow. »Sobald wir wieder im Regiment sind, ist eine Schachtel ›Java‹ da für Mamed und mich, Oparysch zählt bis hundert, und dann ist die ›Java‹ da. Verstanden?«

»Verstanden«, gab Kostomygin zurück.

»Was?«

»Zu Befehl«, korrigierte sich Kostomygin.

»Jä! Jä! Wärden die mausig!« Mamedow schüttelte den Kopf.

Nach dem Frühstück setzten sich alle auf die Fahrzeuge, und die Kolonne machte sich auf den Rückweg.

Vor dem Kischlak am Ufer jenes Flusses, der in der vergangenen Nacht so schön im Mondschein geglitzert hatte, holte die Kolonne einen alten gelben Toyota ein, der mit bewaffneten Männern in weiten Gewändern und bunten Turbanen vollgestopft war. Neben dem Fahrer saß ein magerer schnurrbärtiger Offizier in der Uniform eines Zarandoi. Er stieg aus und ging lächelnd zum Schützenpanzer des Kompaniechefs.

»Mondana bostschi chub jesti!« begrüßte er den Kompaniechef.

Der beugte sich vom Fahrzeug und drückte dem Mann die Hand.

»Wie geht's, Akbar?«

»Chub, Kommandeur«, antwortete der Offizier und suchte auf den Schützenpanzern nach irgendwem. Als er den Tadshiken Kutschetschkarow erblickte, winkte er ihm. »Achat!«

»He, Kutschetschkarow!« rief der Kompaniechef, nach hinten gewandt.

Ein zierlicher dunkelhäutiger Soldat kam auf sie zu. Er drückte dem afghanischen Offizier die Hand und berührte mit der Wange dreimal die Bartstoppeln des anderen. Dann begann er zu übersetzen. Wie sich herausstellte, waren die Afghanen auf dem Weg zum Regiment, um mitzuteilen, daß im nahe gelegenen Kischlak Padshak eine große Karawane mit Waffen eingetroffen sei. Der Kompaniechef fragte ungläubig, woher er von den Waffen wisse. Vielleicht seien die Kamele mit Klamotten, Lebensmitteln und allerlei Krimskrams beladen, vielleicht sei das eine ganz normale Karawane umherziehender Händler? Der Offizier antwortete gekränkt, er habe in Padshak seine Leute und die hätten scharfe Augen und ehrliche Zungen. Der Kompaniechef fragte, wann die Karawane in Padshak angekommen sei. »Im Morgengrauen«, antwortete der Offizier. »Aber vielleicht sind sie schon auf und davon«, meinte der Kompaniechef, »ihr seid zum Regiment aufgebrochen, und die sind inzwischen auf und davon.« – »Wo sollen sie denn am Tage hin, die sind doch nicht vom tollwütigen Schakal gebissen«, entgegnete der Offizier Akbar.

»Wer ist das?« fragte Kostomygin Schwarjow.

»Ach, Jungs aus Spinda-Ulija, die haben dort eine Selbstschutzabteilung«, sagte Schwarjow abfällig. »Beim geringsten bißchen kommen sie zum Regiment gerannt und wollen Hilfe. Aber als Gastgeber sind sie einmalig. Mamed, erinnerst du dich an die Schaschlyks?«

Mamedow wiegte den Kopf und schnalzte mit der Zunge.

»Na, jetzt gibt's wohl was zu tun«, sagte Schwarjow, und seine Augen blitzten. »He, Kostyl, Oparysch! Ihr kriegt eure Feuertaufe! Ich hab das Gefühl, daß die nicht von ungefähr zum Regiment wollten.«

Der Schnurrbärtige verlor schon die Geduld und redete, aufgeregt mit den Händen fuchtelnd, auf den Kompaniechef ein, um ihn von der Echtheit seiner Information zu überzeugen. Der Kompaniechef ahnte ja selber, daß die Karawane, auf die sie gewartet hatten, nach Padshak abgebogen war, trotzdem fragte er Akbar peinlich genau nach allem aus: wieviel Kamele, wieviel Leute, ob in Padshak in letzter Zeit verdächtige Typen aufgetaucht seien und so weiter, erst dann setzte er sich mit dem Regiment in Verbindung. Das meldete sich nach etwa zehn Minuten.

Nach dem Gespräch winkte der Kompaniechef den Afghanen zu, sein Schützenpanzer wendete und fuhr die Straße am Fluß entlang; ihm folgte die ganze Kolonne, und der zerbeulte Toyota mit den Afghanen setzte sich ans Kolonnenende.

»Jetzt kriegt ihr eure Taufe, Söhne!« rief Schwarjow und klopfte Kostomygin auf die Schulter.

Oparin mimte Freude und schüttelte kämpferisch die MPi.

Die Kolonne brauste in sonnendurchtränkten Staubwolken über den glitzernden seichten Fluß. Sie brüllte, stieß schwarzen Rauch aus und knirschte drohend mit den Ketten. Kostomygin, fasziniert und benommen von dem Getöse und der schnellen Fahrt durch Sonne, Staub und intensiven Wermutgeruch, überlegte, daß er dem Bruder einen tollen Brief schreiben werde, ja, einen tollen! Diese Nacht, der Duft der blühenden Gärten, der Mond, die Hügel unter den Sternen, die Nachtigallen, der Hinterhalt, das frühmorgendliche Rufen des Muezzins, die Enttäuschung, dann diese Begegnung, und nun – Sonne, Staub, Gerassel, Ruß, Erwartung und Ungewißheit. Was wird in Padshak sein? Wie werden sie die Karawane überrumpeln? Wieviel Rebellen gibt es dort? Wie sehen sie aus? Grimmig, mit Bart … Wer wird fallen? Ob einer fällt? Wenn nun Oparin fällt, jetzt sitzt er noch neben ihm, und in einer Stunde ist er vielleicht tot. Oder er selber, Kostomygin, fällt … Er wird sich noch an alles und jeden erinnern und im Staub sterben, von der Sonne versengt, sein Leichnam wird nach Hause überführt, und seine Freunde und Angehörigen werden um ihn weinen …

Er war überzeugt, daß es diesmal ernst werden und er seinem Bruder von seinem ersten wirklichen Einsatz schreiben würde, ja, er würde schreiben, weil er nicht fallen und überhaupt nie sterben würde, Na ja, irgendwann würde er vielleicht auch sterben, aber Gott weiß wann, in ferner Zukunft, in tausend Jahren!

Padshak war ein kleiner Kischlak, kaum zu unterscheiden von anderen, die Kostomygin schon gesehen hatte: graue Lehmmauern – hoch oder niedrig, graue Türme – rund oder eckig, graue Häuser – quadratische oder rechteckige Kästen mit schmalen Fensterchen – und üppige grüne Gärten. Padshak lag am Ufer des Flusses. Ringsum erstreckte sich die schon verkümmerte, bräunliche Steppe. In Padshak jedoch grünten und dufteten Gärten. Sowie die Kolonne den Kischlak erreicht hatte, nahm Kostomygin den Duft wahr und hatte wieder den süßen Geschmack im Mund.

Die Soldaten legten kugelsichere Westen an, setzten Helme auf und gingen aus Angst vor Scharfschützen hinter den Fahrzeugen in Deckung. Doch der Kischlak sah überaus friedlich aus. Vor den Mauern spazierten Hühner, ein alter Mann trieb ein Buckelrind die Straße entlang, hin und wieder zeigten sich neugierige kleine Jungen, reckten den Hals und bestaunten die verstaubten Fahrzeuge der Kafire*.

Die Sonne loderte am blauen Himmel, es war glutheiß, teuflisch heiß. Die Soldaten waren schweißüberströmt, sie rauchten und blickten hinter den Fahrzeugen hervor zum Kischlak.

»Na, gleich werden wir den Freundchen einheizen«, sagte Schwarjow und zog den Zigarettenrauch tief ein.

»Worauf warten wir denn?« fragte Kostomygin.

»Sieh an, es geht ihm nicht schnell genug.« Schwarjow lachte spöttisch. »Onkel Vitja weiß, was er macht.« (So nannten die »Opas« unter sich den Kompaniechef.) »Sei unbesorgt, der versteht sein Handwerk.«

* Ungläubige

Aber eine halbe Stunde verging, und Schwarjow wurde auch nervös und blickte befremdet zum Fahrzeug des Kompaniechefs.

»Mamed«, rief er den Fahrer an, »warum trödelt der so?«

Mamedow zuckte die Achseln.

»Weiß der Teufel. Vielleicht schickt das Regiment Infanterie.«

Schwarjow runzelte die Stirn.

»Wieviel Leute hat denn so eine Karawane? Zehn Stück, na, wenn's hochkommt, zwanzig.«

»Und wänn ganzer Kischlak bäwaffnet ist?«

»Während wir hier auf die Stoppelhopser warten, vergraben die Muselmänner die Waffen, und dann beweis mal, daß das die Karawane ist, auf die wir die ganze Nacht gewartet haben.« Schwarjow spuckte aus.

»Nein, liebär warten. Mit Infantärie ist's lustiger«, erwiderte Mamedow.

»Genosse Sergeant, kann ich was trinken?« fragte Oparin.

»Können kannste bei Mascha«, schnauzte Schwarjow.

»Gestatten Sie's?« verbesserte sich Oparin.

»Im Einsatz muß man mit Wasser sparen«, sagte Schwarjow.

Oparin seufzte und schielte zum flimmernden Fluß.

»Was guckst du zum Fluß? Aus den Flüssen trinken bloß die Esel und die Einheimischen, die holen sich nichts weg – Im-mu-ni-tät. Aber du fängst dir gleich die Gelbsucht ein. Oder Typhus. Oder sonst eine Syphilis.«

»Klar«, sagte Oparin und leckte mit trockener Zunge die dreckverkrusteten Lippen.

Schwarjow erstarrte plötzlich und lauschte.

»Was ist?« fragte Mamedow.

»Sie scheinen zu kommen«, gab Schwarjow zurück.

Jetzt hörten auch die übrigen fernes Getöse und drehten sich nach der Straße um. Bald sahen sie über der Steppe Staubsäulen.

Kostomygin ertastete den Sicherungshebel und drückte ihn bis zum Anschlag herunter.

Eine Kompanie Infanterie und vier Panzer kamen herangefahren. Zehn Minuten später begann die Operation.

Achat Kutschetschkarow hielt das Megaphon vors Gesicht und brüllte dem Kischlak ein paar abgerissene Sätze zu, machte eine Pause und schrie wieder.

Er fordert sie auf, sich zu ergeben, dachte Kostomygin.

Etliche Minuten vergingen, aber niemand kam heraus. Kostomygin betrachtete erstaunt den Kischlak, und ihm war schleierhaft, wie es die Hausherren fertiggebracht hatten, die Hühner, die Esel und die kleinen Jungen so schnell von der Straße zu holen, der Kischlak war verödet und stumm.

Achat blickte den Kompaniechef fragend an. Der sagte: »Es reicht.« Und Achat schob das Megaphon in die Luke.

Einige Schützenpanzerwagen und Schützenpanzer fuhren langsam auf den Kischlak zu, die Soldaten, in kugelsicheren Westen und mit Helm, gingen hinter den Fahrzeugen her, die MPi im Anschlag. Sie drangen nur von einer Seite in den Kischlak ein (um nicht aufeinander zu schießen, vermutete Kostomygin) und verteilten sich auf die Gäßchen.

Der Kischlak schwieg.

Jemand hämmerte mit dem Kolben gegen eine Tür. Kostomygin zuckte zusammen, als er das heftige Klopfen gegen Holz hörte.

»Mir nach«, sagte Schwarjow und bog zu einem Haus ab, das von einer niedrigen Lehmmauer umgeben war. Er trat gegen das stabile Tor, es tat sich wenig später auf, und ein alter knochiger Mann mit Krummstab kam heraus. Er hatte ein runzliges Gesicht, gelbe, von durchsichtigen Schuppen überzogene Hände und einen gleichmütigen Blick.

»Nis, nis Muselmann«, krächzte er.

Schwarjow schob ihn schweigend beiseite und ging in den Hof.

»Medwed! Bleib am Eingang!« rief er Medwedew zu und lief zum Haus. Oparin, Kostomygin, Salichow und ein paar Infanteristen stürmten hinterher.

Sie durchstöberten das einstöckige Haus, fanden aber niemanden außer ein paar Kindern und verschleierten Frauen, die sich im entlegensten winzigen Zimmerchen zusammendrängten, fanden nichts außer Klamotten, Geschirr und Lebensmittelvorräten.

Einer von den Infanteristen schlug vor, den Weibern den Schleier zu lüften – womöglich waren es gar keine Weiber? Aber Salichow protestierte, und da er im ganzen Regiment bekannt war und jeder schon gesehen hatte, was für Meisterstückchen er und sein Landsmann auf dem Sportplatz fertigbrachten, wagte ihm keiner zu widersprechen.

Sie gingen hinaus auf den Hof.

»Wir durchsuchen die Scheunen«, sagte Schwarjow, und alle wollten gerade losgehen, als plötzlich ein Schuß krachte, vom Tor kam ein Schrei, und sie stürzten dorthin.

Neben dem Tor saß Medwedew und stöhnte.

Im Kischlak begann eine Schießerei. Die Soldaten bestrichen Fenster, Gärten und Dächer mit Feuerstößen; ein MG ratterte los, eine Handgranate detonierte.

Ein Schützenpanzer fuhr heran, und sie schleppten Medwedew zum Fahrzeug. Kostomygin sah benommen zu, wie Medwedew hochgehoben und in die Luke hinabgelassen wurde. Er fühlte mit den Füßen, daß ein Zittern die Erde überlief, und blickte erstaunt zu Boden.

Staubwölkchen stiegen auf, und Kostomygin lehnte sich mit dem Rücken an die Mauer.

»Hierher!« brüllte Schwarjow. Kostomygin kam zu sich und lief zum Tor. Von dort kamen Splitter geflogen, Kostomygin griff sich ans Gesicht und wackelte mit dem Kopf.

»Was ist? Was ist?« schrie Schwarjow und riß ihm die Hand vom Gesicht. »Was?« Er beugte sich vor und betrachtete Kostomygins Gesicht. »Ach! Nicht der Rede wert! Holzsplitter!«

Kostomygin rieb sich die Augen, blinzelte und blickte sich um.

»Was soll ich tun?« fragte er Schwarjow.

»Feuer auf das Haus dort!« Schwarjow zeigte zum Nachbarhaus und gab auf dessen Fenster einen Feuerstoß ab.

Kostomygin ging hinter der Mauer in Deckung und bestrich das Haus mit langen Feuerstößen.

»Trottel!« rief Schwarjow. »Spar mit Munition!«

Es war heiß. Zwischen den Zähnen knirschte Sand. Kostomygin hätte am liebsten den glutheißen schweren Helm und die steife kugelsichere Weste abgeworfen. Er gab einen kurzen Feuerstoß ab, wartete eine Weile, beugte sich dann wieder über die Mauer und feuerte auf die Fenster des hohen, großen Hauses, erwischte den MG-Schützen aber nicht. Der schoß aus einem Fenster und ging in Deckung, wechselte zu einem anderen Fenster und ballerte von dort.

Im Kischlak war die Schießerei in vollem Gange. Immer wieder detonierten Handgranaten. In der Luft hing Staub, und es roch stark nach Pulver.

Die Schnellfeuerkanonen der Schützenpanzer ratterten, die MGs knatterten dumpf und mächtig. Der Pulvergestank vermischte sich mit dem Duft der blühenden Bäume, und Kostomygin wurde übel. Er hatte es verdammt satt, sich aufzurichten und zu schießen, sich wieder zu ducken und wieder zu erheben, den Abzugsbügel durchzuziehen und erneut hinter der Mauer Deckung zu nehmen. Diese Gluthitze, und es stinkt nach Pulver und Blumen, in den Ohren dröhnt es, die Kehle ist ausgedörrt, der MG-Schütze ballert und ballert, und das nimmt kein Ende, und bestimmt wimmert Medwedew noch immer in dem stickigen Fahrzeug und krümmt sich, und das nimmt und nimmt kein Ende … Aus welchem Fenster wird der MG-Schütze jetzt schießen? Und wo ist Oparin?

Kostomygin drehte sich um und sah links von sich eine feuchte, rote Visage mit vorquellenden Augen. Ihm wurde noch übler. Er wollte Oparin, der wie angewurzelt mit eingezogenem Kopf und gesenkter MPi vor der Mauer stand, zum Schießen zwingen, merkte aber plötzlich, daß der MG-Schütze verstummt war. Vorsichtig blickte er über die Mauer und suchte mit dem Blick die leeren Fenster ab. Dann hob er den Kopf noch höher und sah einen breitschultrigen Mann mit erhobenen Händen aus der Haustür treten, gefolgt von einem gebeugt gehenden Burschen, und dann kamen Salichow und ein Infanterist.

»Sie haben sie gefaßt!« schrie Kostomygin Schwarjow aufgeregt zu.

»Oparysch! Kostyl!« rief Schwarjow im Laufen, und die beiden folgten ihm.

Sie rannten auf die Straße, dann zum Tor des Nachbarhauses und stürmten in den engen Hof.

Schwarjow raste schweigend zu dem krummnasigen, sehnigen, breitschultrigen Mann, der ein zerrissenes langschößiges blaues Hemd trug, und schlug ihm den Kolben gegen das Kinn. Der Hakennasige warf den Kopf zurück, hielt sich aber auf den Beinen. Der großäugige Bursche, der etwas hinter dem Mann stand, krümmte sich und schrie auf, als hätte er den wuchtigen Kolbenschlag abgekriegt. Der Mann richtete sich auf. Aus seinem Mund rann Blut.

»Welcher Hund hat auf Medwedew geschossen?« brüllte Schwarjow.

Der Mann sah ihn finster an, auf seinen schwarzstoppligen Wangen wölbten sich Beulen. Der Bursche zerrte sich den schmutzigen Turban vom Kopf und verdeckte sein Gesicht damit.

»Und nun?« fragte Salichow.

»Sie haben Medwedew verwundet«, sagte Schwarjow und blickte sich um.

Salichow nickte.

»Also dann«, sagte Schwarjow und wischte sich mit dem Ärmel das schweißige Gesicht. »Schluß. Murd, Jungs, murd. Schluß, aus«, sagte er zu den Gefangenen. Die Schultern des Burschen bebten, und die Augen des Mannes verengten sich.

»Also dann«, murmelte Schwarjow, »also ...« Er blickte sich noch einmal um, begegnete Oparins Blick und wiederholte: »Also dann.«

»Aber schnell«, sagte der Infanterist mit Baßstimme, »solange die Offiziere sie nicht sehen.« Er trat zu dem Burschen und richtete die MPi auf den Turban.

»Warte«, hielt ihn Schwarjow zurück. Er drehte sich nach Kostomygin und Oparin um. »Warte ... Kostyl! Du nimmst dir den da vor. Oparysch! Du erledigst den Burschen.«

»Die Jungen? Na, von mir aus«, sagte der Infanterist zustimmend und trat beiseite.

Kostomygin fühlte, wie sein Hinterkopf eiskalt wurde. Widerlich, bei solcher Hitze so zu frieren. Ihm klapperten die Zähne. Er preßte sie aufeinander und blickte zu Schwarjow: Was sagt er? Wen meint er?

»Na los!« schrie Schwarjow.

Die Sonne hing tief über der Steppe, und der Steppenrand unter der Sonne und der schmale Himmelsstreifen über der Sonne waren rot. Die glutheiße bittere Luft kühlte sich allmählich ab.

Die lange Kolonne schlängelte sich durch die abendliche Steppe, und über ihr flatterten graue Staubfahnen. Die Kolonne kehrte zum Regiment zurück. Oben auf den Fahrzeugen saßen die Soldaten und ließen erschöpft die Arme hängen. Die Gefangenen hockten mit gefesselten Händen im Innern der Fahrzeuge.

Der Staub drang in Augen und Rachen, aber die Soldaten kletterten nicht in die Panzerwagen; wenn ein Fahrzeug auf eine Mine fährt, bleibt von den Leuten drin nichts übrig, die oben Sitzenden dagegen werden lediglich auf die Erde geschleudert. Diese einfache Wahrheit kannte jeder, der in Afghanistan kämpfte. Das wußten auch die Gefangenen. Sie schwitzen im Inneren der Fahrzeuge, zitterten, wenn der Panzerwagen über ein Schlagloch fuhr oder mit dem Boden gegen einen Stein stieß, und beteten zu Allah, er möge alle Minen von der Straße räumen. Aber vielleicht beteten sie auch, daß eine mächtige Mine alle – die verhaßten Kafire und sie selber – in Stücke riß. Ja, wenn eine Sprengladung ein Fahrzeug in die Luft jagte, blieb kaum einer am Leben – die zehn Tonnen schweren Fahrzeuge kippten um wie leere Blechbüchsen, und die oben Sitzenden wurden plattgequetscht wie Fladen.

Die Kolonne transportierte elf Gefangene und eine Menge Beutestücke zum Regiment: italienische Minen, grobkalibrige MGs, Kisten mit Patronen und Handgranaten, eine ordentliche Ladung Medikamente – amerikanische und westdeutsche.

Die Infanterieoffiziere waren mit dem Einsatz sehr zufrieden und wußten, daß der Regimentsstab auch sehr zufrieden sein würde. Der Chef der Aufklärungskompanie jedoch war verdrossen: Medwedew war unterwegs gestorben, eine Kugel hatte ihm die Eingeweide zerfetzt, und der Führer des ersten Zugs, ein Leutnant, hatte eine schwere Kopfverletzung. Sie hatten diesmal keine saubere Arbeit geleistet.

Kostomygin lag als einziger von der Besatzung unten im Schützenpanzer, auf Kisten mit Granaten. Er rauchte eine Zigarette nach der anderen, und es war ihm egal, ob unter seinem Fahrzeug eine Mine hochging oder nicht.

Ist mir alles schnuppe, dachte er böse.

Es ließ ihn wirklich kalt, ob das Fahrzeug in die Luft flog. Er dachte an Oparin, an Salichow und an den hakennasigen Mann mit den blutverschmierten Lippen. Er wollte nicht an das alles denken, er wollte einschlafen, in so tiefen Schlaf sinken, daß er erst nach tausend Jahren wieder aufwachte und sich an nichts mehr erinnerte. Aber er wurde die Gedanken und Erinnerungen nicht los. Und so dachte er und erinnerte sich.

Er erinnerte sich ganz genau, obwohl ihm während des Kampfes alles trügerisch und verworren vorgekommen war und er das Gefühl gehabt hatte, nicht er selbst zu sein. Jetzt aber sah er alles deutlich wie in einem langsam abrollenden Film.

Er erinnerte sich an alles, an jeden Laut, jede Stimme, jede Bewegung. Er erinnerte sich, wie die Erde unter ihm gebebt hatte, wie das Holz des Tors krachte und ihm die Splitter ins Gesicht flogen, wie sie durch die dämmrigen Zimmer des Hauses liefen, wie irgendwer von der Infanterie vorschlug, den Frauen unter den Schleier zu gucken, ob da vielleicht bärtige Visagen waren. Und wie er es satt hatte, auf die Fenster des Nachbarhauses zu schießen, wie er dann im Hof den hakennasigen Mann mit den erhobenen Händen sah und den Burschen und Salichow und den Infanteristen … Trotzdem interessant, wie sie das hingekriegt haben. Interessant? Was macht das jetzt für einen Unterschied? Darauf ist gepfiffen.

Er hatte einen kurzen Feuerstoß in die breite Brust des Hakennasigen gejagt, und der war zu Boden gestürzt, hatte sich aufgebäumt, und aus seiner Nase war blasiges Blut gekommen, dann lag er still.

Aber Medwedew war doch auf dem Weg zum Regiment gestorben! Er war doch gestorben! Also hatte alles seine Richtigkeit.

Und Oparin? Wer hätte das gedacht? Wer hätte so was gedacht?

Kostomygin dachte über Oparin nach. Er haßte Oparin. Ihm fiel ein, wie er sich umgedreht und Oparins feiges, schweißiges, rotes Gesicht mit den vorquellenden Augen gesehen hatte, und er stöhnte vor Ekel und Haß.

Er hat es aus Feigheit nicht getan. Er ist ein Feigling. Ein Feigling, wiederholte Kostomygin, aber leichter wurde ihm davon nicht.

Oparin hatte nicht geschossen. Schwarjow hatte ihm gedroht, ihn angeschrien, aber Oparin hatte nicht geschossen. Was hätte es ihn gekostet, abzudrücken, was hätte es ihn gekostet? Er war in Tränen ausgebrochen und hatte gebeten, ihn gehen zu lassen. Gehen lassen? Wohin? Nach Hause zur Mami? Er war völlig durchgedreht, hatte sich in Tränen aufgelöst und gebeten, ihn gehen zu lassen ... Mein Gott, der wird im Regiment was erleben!

Was kümmert's mich, was aus diesem Waschlappen wird! Zum Teufel mit ihm. Er ist ein Feigling, ein gewöhnlicher Feigling, es lohnt nicht, über ihn nachzudenken. Aber Salichow, dachte Kostomygin und zog den Zigarettenrauch tief ein. Er hatte schon so viel geraucht, daß er fast kotzen mußte, trotzdem nahm er eine neue Zigarette aus der Schachtel und zündete sie an. Aber Salichow … War Salichow wirklich dabeigewesen? fragte sich Kostomygin und runzelte die Stirn.

In dem engen Hof war auch Salichow gewesen. Er hatte ja zusammen mit dem Infanteristen die beiden MG-Schützen gefangengenommen.

Ja, Salichow war dabeigewesen. Und als er begriff, daß Oparin nicht schießen, daß er sich eher selbst erschießen würde, als er das begriff, war er zu dem Burschen gegangen, der den zerfetzten schmutzigen Turban immer noch nicht vom Gesicht genommen hatte, und tötete ihn mit der Hand. Er tötete ihn mit der bloßen Hand, und keiner wunderte sich darüber. Er hatte das so schnell getan, daß man denken konnte, der Bursche sei von selber gestorben, sein Herz habe plötzlich stillgestanden und er sei tot umgefallen.

Kostomygin wurde auf den Kisten durchgerüttelt, er zog an der Zigarette, und er wollte nicht Gott weiß wann sterben, irgendwann in tausend Jahren. Er wollte, daß sein Herz jetzt stillstand. Aber es stand nicht still.

»Truppenübung« 1981

Die Bataillone stürmten Tag und Nacht das Iskapol-Gebirge in der Provinz Ghazni. Haubitzen und Raketenbatterien, Flugzeuge und schlanke schnelle Hubschrauber deckten die Berge tonnenweise mit Metall ein. Die kalte Herbstluft roch nach Pulver; Staub verhüllte Sonne und Sterne. Tagsüber brachten Hubschrauber Verwundete und Tote. Die Nächte waren mondlos und voller Sterne. Nachts kreiste ein Transportflugzeug hoch über den Bergen und warf Leuchtbomben ab, die in viele orangefarbene Sonnen zerfielen; schwankend sanken sie langsam herab und erhellten Schluchten, Felsen, Gipfel und die Steppe zu Füßen der Berge, wo das Regiment sein Feldlager aufgeschlagen hatte. Die Infanterie zog bergauf, schwere MGs feuerten, Minen detonierten, Schnellfeuergranatwerfer ratterten. Die orangefarbenen Sonnen verglühten, die Infanterie legte sich zu Boden. Nach kurzer Atempause erscholl das Gebrüll der Artillerieoffiziere, und der Artilleriebeschuß begann.

Die Rebellen hielten sich hartnäckig in Höhlen und Grotten. In diesen Bergen hatten sie einen großen Stützpunkt, es mangelte ihnen weder an Wasser noch an Nahrung, Medikamenten oder Munition, und sie kämpften tapfer und klug.

Die Raketenwerfer und Haubitzen verstummten. Das wehmütige dumpfe Motorengebrumm des Transporters unter den Sternen war zu hören. Die Infanteristen lagen auf Steinen, wischten sich die verschwitzten Gesichter und setzten die Feldflaschen an die ausgedörrten Lippen. Sie warteten auf das Zischen der Leuchtbomben am Himmel.

Es war still und dunkel.

Die Infanteristen hatten eine Atempause, sie tranken Wasser, kühlten sich ab; es war Herbst, tagsüber wärmte die Sonne, nachts aber war die Luft eiskalt, und die Soldaten trockneten schnell nach den Attacken.

Sie warteten.

Auf dem Transporter gab es offenbar eine Verzögerung. Die Infanteristen gewöhnten sich langsam an die Stille.

Es vergingen noch einige Minuten, und über ihren Köpfen zischte und krachte es – am Himmel flammten Leuchtbomben auf. Der Kompanieführer schrie: »Kompanie! Marsch!« Die Kompanie erhob sich und zog weiter aufwärts. Von oben setzte Maschinengewehrfeuer ein, rote Kugeln sprangen munter über die Steine, prallten ab und flogen hoch oder zur Seite. Die Infanteristen liefen von Fels zu Fels und feuerten aus ihren MPis; ihre Gesichter waren heiß, in ihren Bäuchen aber war es kalt. Einer der glühenden Ströme drang in einen laufenden Mann, er stürzte; es war der Kompanieführer, er spuckte Blut und krümmte sich, dann lag er still; er war tot. Der Leutnant übernahm das Kommando über die Kompanie. Die Attacke ging weiter. Der Leutnant führte die Kompanie zu einer Anhöhe, hinter deren Kamm die Rebellen saßen. Die Rebellen verloren die Anhöhe, ihr schweres MG war verstummt, sie schossen aus Gewehren und einer MPi. Auf dem ganzen Kamm wurde gekämpft. Auf dem Berg nebenan detonierten Granaten. Die Kompanie rückte dicht an den Gipfel heran, bombardierte den Kamm mit Granaten, MPi und Gewehre verstummten. Nach kurzem Abwarten stürmte der Leutnant als erster nach oben und riß die Soldaten mit. Hinter Felsbrocken lag eine ebene Fläche, hier stand ein schweres Maschinengewehr, darum herum waren leere Magazine verstreut und vier von Splittern zerfetzte Körper. Der fünfte kroch bergab. Der Leutnant holte ihn ein und versetzte ihm einen Fußtritt; der Rebell drehte sich auf den Rücken und hob die verwundeten Arme. Der Leutnant befahl den Soldaten, ihn nach oben zu schleppen, und nahm Funkverbindung mit dem Bataillonskommandeur auf, dem er den Verlust und die Einnahme der Anhöhe meldete. Der Bataillonskommandeur befahl, einige MG-Schützen auf der eingenommenen Anhöhe zu lassen und von Norden her den Nachbargipfel unter Beschuß zu nehmen. Vier Mann blieben auf dem Berg, die Kompanie zog nach unten.

Die verbliebenen Soldaten tranken sich satt und rauchten.

Der Verwundete mit den zerfetzten Armen und dem zerschossenen Bein stöhnte. Reglos lagen die vier Körper, die noch bluteten. Die MG-Schützen sogen bitteren Qualm ein. Sie waren zufrieden, daß sie hier zurückgelassen wurden. Vielleicht war heute alles zu Ende, und sie würden sich kein Bein mehr ausreißen müssen. Am Morgen würde das Regiment mit Trophäen beladen nach Hause, in die Zeltstadt, ziehen. Dort gab es ein Badehäuschen, saubere Betten, dreimal am Tag Verpflegung, jeden Abend Kino, Sold, und im Laden Filterzigaretten, Orangenmarmelade, Kekse, süße Kondensmilch, indischen Kaffee und Traubensaft; in der Bibliothek dort gab es Tanja, die zwar die Soldaten keines Blickes würdigte, doch dafür konnten diese sie ansehen; sie hatte rote Lippen, dickliche, schwarzbehaarte Beine, ein großes rundliches Gesäß, sie schwitzte leicht, ihre Bluse war unter den Armen und auf dem Rücken ständig naß; wer wollte, konnte jeden Tag in die Bibliothek gehen und Tanja ansehen und den aus Tanjas Parfüm und Schweiß gemischten Geruch einatmen. Der Kompaniechef allerdings hatte das alles nun für immer verloren. Er war tot? Ihm konnte doch nichts etwas anhaben, keine

Kugel, keine Gelbsucht, kein Typhus. Einmal war er mit einem Soldaten zusammen in einen Wassergraben geklettert, mit einer Taschenlampe liefen sie durch einen unterirdischen Korridor, der machte plötzlich eine scharfe Biegung, sie erblickten Rebellen, eröffneten das Feuer und rannten zurück, als erster wurde der Soldat mit durchschossener Wade an einem Seil nach oben gezogen, dann der lebendige und unversehrte Kompaniechef. Und nun war der Kompaniechef tot.

Eine Zigarette ist eine Wohltat, nur Idioten hören auf zu rauchen. Und zu trinken. Abstinenzler sind Trottel. Ein ganzes Lebensjahr ist eine Flasche Wodka wert nach einem Einsatz. Eine rundliche, schwere Flasche mit reinem bitteren Wodka. Du kommst aus dem Badehäuschen, gießt dir reinen bitteren Wodka in deinen Feldbecher. In einem Tankwagen wird der aus der Sowjetunion hergebracht, dreißig Schecks kostet er, das ist teuer, aber was soll's. Also, du gießt dir ein. Was du dir da eingegossen hast, kostet ungefähr sieben Schecks, das ist fast der Monatslohn eines Soldaten. Ach, zum Teufel damit. Dafür wirst du für eine halbe Stunde ein Mensch, hast kein Heimweh, keine Angst, dein Gehirn sprüht Funken, und zwei Jahre sind gar nichts!

Das Feuer war auf dem ganzen Kamm verstummt, eine Gefechtspause war eingetreten.

»Haltet die Ohren steif, Männer«, sagte der Sergeant, der die Gruppe führte.

Die MG-Schützen hielten auch so die Ohren steif.

Am Himmel brummte der Transporter. Die Flieger hatten's gut. Nicht die Artilleristen waren die Götter, sondern die Flieger mit ihren schwarzen Lederkappen und in ihren blauen Kombinationen. Obwohl, die kriegten auch genug ab. Die Rebellen machten gern Jagd auf Flugzeuge. Die Besatzungen der abgeschossenen Flugzeuge und Hubschrauber gerieten am häufigsten in Gefangenschaft. Und nichts war schlimmer als orientalische Gefangenschaft. Die Rebellen verstanden es, langsam zu töten, stündlich einen Teelöffel Tod. Die Leiche des Fähnrichs Worobjow hatte die Kompanie nach zwei Tagen gefunden; nur der Kompaniechef hatte in dem aufgedunsenen bläulichen Kadaver mit den grauen Haaren den Fähnrich erkannt. Um Gottes willen nicht in Gefangenschaft geraten. Nein, weder die Artilleristen noch die Flieger waren die Götter im Krieg, sondern die Stäbler. Obwohl, auch die starben manchmal, selten, aber immerhin, auch sie standen nicht über dem Krieg, sondern waren mittendrin. Götter stehen abseits und drüber.

»Gleich legt die Artillerie los«, sagte einer der MG-Schützen heiser. »Hoffentlich decken die uns nicht ein. Bloß so aus Versehen.«

»Der Leutnant hat doch per Funk Bescheid gesagt«, antwortete der Sergeant.

Der Gefangene stöhnte. Alle sahen zu ihm. Die Arme des Gefangenen steckten in einem langen Hemd, auf dem Stoff breiteten sich Flecken aus.

»Den Kompaniechef haben sie umgelegt«, sagte der Sergeant.

Niemand antwortete ihm.

Die zerschmetterten Hände des Gefangenen juckten und brannten. Ihm schien, als nagten Schwärme zottiger Spinnentiere an seinen Händen. Sie rissen mit ihren gebogenen scharfen Zangen Haut, Fleisch, Gefäße und Knorpel heraus. Es waren viele, ihr Gewicht machte die Arme schwer. Der Gefangene lag an einen Felsbrocken gelehnt und preßte die Arme an die Brust.

Den Kompaniechef haben sie umgelegt, dachte der Sergeant und blickte noch einmal zu dem Gefangenen.

Der Gefangene zitterte.

Vielleicht sollten wir ihn verbinden? dachte der MG-

Schütze Grastschenkow, der an einem der ersten Tage seines Dienstes an der Hüfte verwundet worden war.

Unter den Sternen brummten eintönig die Motoren des unsichtbaren Transporters.

Gleich würden die Raketenwerfer und die 122-Millimeter-Haubitzen einsetzen, und alles würde in Flammen stehen, krachen und beben, gleich …

»Da fliegt einer«, sagte der heisere Soldat in die Stille.

Die Soldaten suchten den Himmel ab und entdeckten blinkende Pünktchen – in weiter Ferne überquerte ein Flugzeug die Steppe; es schien eine Passagiermaschine zu sein, sie flog von Norden nach Süden, lautlos schwebte sie am schwarzen Himmel, an den Tragflächen und am Rumpf leuchteten die Positionslichter; wahrscheinlich flog sie nach Pakistan oder nach Indien.

Die Soldaten sahen auf die blinkenden Lichter.

Der Sergeant duckte sich und zündete sich eine Zigarette an. Als die anderen den Rauch rochen, rauchten sie auch, die brennenden Zigaretten in der Faust versteckt. Es war still.

Es war still. Vielleicht war alles zu Ende? Die Rebellen hatten sich ergeben, gleich würde Entwarnung kommen, und die Bataillone könnten am Morgen in ihr Regiment zurückkehren.

Der Gefangene stöhnte lauter. Alle sahen zu ihm. Grastschenkow nahm sein Marschgepäck von der Schulter, schnürte es auf und holte sein Verbandpäckchen raus. Die anderen dachten, er wollte sich stärken, verspürten Hunger, nahmen auch ihr Marschgepäck ab, packten Kekse, Konserven und Zucker aus, öffneten mit den Bajonetten die Büchsen. Es roch nach Wursthaschee. Grastschenkow riß das Päckchen auf, und weiße Binden und Tampons leuchteten in seinen Händen. Der Sergeant hörte auf zu essen und starrte ihn an.

»Was soll das?« fragte der Sergeant.

»Ich will ihn verbinden.«

»Das unterbleibt.«

»Warum denn das?«

»Schade um das Verbandzeug.«

»Reg dich nicht auf. Ist schließlich meins.«

Die anderen aßen Büchsenfleisch, knabberten Kekse, betrachteten die schwarzen Berghänge, schielten zu dem Sergeanten und dem Soldaten mit den Binden und schwiegen.

»Grastschenkow, hast du verstanden?« fragte der Sergeant.

Der Gefangene lag mit geschlossenen Augen da, er hörte nichts. Huris in durchsichtigen Kleidern führten ihn tanzend am Arm einen grünen Berg hinauf, dort lagerten im Schatten eines blaßrosa Lotos Rechtgläubige mit Trinkschalen, sie tranken Tee und sahen den Gast lächelnd an; der Lotos duftete, um ihn herum schillerten Fontänen in allen Regenbogenfarben, über ihm schwebten weiße Vögel ...

Das Artilleriefeuer blieb aus. Der Transporter warf Leuchtbomben ab.

»Nein, ich verbinde ihn«, sagte Grastschenkow, stand auf und ging zu dem Gefangenen, aber ein Feuerstoß kam ihm zuvor.

Die Soldaten blickten auf das orangefarbene Gesicht mit dem aufgerissenen Mund, dem ausgelaufenen Auge und der zur Seite gebogenen Nase.

»Das hättste auch später machen können«, sagte der heisere Soldat und packte das restliche Fleisch, Kekse und Zucker in seinen Rucksack. Der zweite Soldat wandte sich ab, aß schnell seine Büchse leer, warf sie weg, leckte seinen Löffel ab, steckte sich ein Stück Zukker in den Mund und setzte die Feldflasche an die Lippen.

Unterdessen hatte das Gefecht auf dem Kamm wieder

eingesetzt. Die MG-Schützen warteten auf eine grüne Leuchtrakete, sie zielten auf den Nachbargipfel, dem sich ihre Kompanie jetzt von Norden her näherte. Der Himmel war orange, orange waren die Berge, Schatten und Felsspalten waren von tiefem Schwarz. Auf den Hängen sprangen Lichter umher, ergossen sich rote Ströme und krachten Granaten. Ohne nachzudenken, lagen die MG-Schützen der Infanteriekompanie zwischen den erkalteten Steinen, blickten auf den Gipfel nebenan, über dem sich Leuchtspurgarben kreuzten, und warteten.

»Die Kompanie hat sich verirrt, die sind in einer Schlucht steckengeblieben«, vermutete der heisere Soldat, aber im selben Moment, wie um ihn schleunigst zu widerlegen, schnellte eine Leuchtspur auf, und ein leuchtender grüner Klumpen hing über dem Nachbarberg.

»Feuer!« kommandierte der Sergeant energisch.

Die MG-Schützen eröffneten das Feuer auf den benachbarten Gipfel. Die Kompanie, die bergauf zog, schoß ebenfalls, von Süden griff eine andere Kompanie an, und vom Westen feuerten leichte Maschinengewehre auf die Rebellen.

»Die haben ausgekichert«, sagte der heisere Soldat.

Aber die Rebellen verteidigten sich weiter.

Über den MG-Schützen pfiffen Kugeln.

»Die haben ja doch ausgekichert«, wiederholte der heisere Soldat, gab lange Feuerstöße auf den Nachbarberg ab, stöhnte plötzlich, richtete sich auf, bog sich, versuchte mit gekrümmten Fingern das Feuer aus seinem Rücken zu kratzen und sank nieder.

Der Sergeant blickte sich um und sah hinter sich, auf der Mitte des Hangs, dunkle Figuren, er gab eine Salve ab und schrie auf, als ihm eine unsichtbare scharfe Kralle die Schulter aufriß. Grastschenkow und der zweite MG-

Schütze bezogen Stellung, stützten das MG und feuerten auf den Hang.

»Hinter die Felsen!« schrie der Sergeant, der sich über den Kamm schwang. Der zweite Soldat sprang auch über den Kamm und warf sich hin.

»Grastschenkow!« schrie der Sergeant. Grastschenkow taumelte rückwärts, drückte die Arme an die Brust, hockte sich hin und hustete dumpf. Der zweite MG-Schütze kroch zu ihm, packte den Saum seiner Wattejacke, warf ihn zu Boden und zog ihn über den Kamm. Er holte sein Verbandpäckchen raus, riß es auf und nahm Binden und Tampons heraus. Grastschenkow lag auf dem Rücken, wischte sich unentwegt die blutüberströmten Lippen ab und schwieg. Er sah in den orangefarbenen Himmel und schwieg. Schmerz spürte er nicht. Er war benebelt und matt, als hätte er allein eine Flasche Wodka getrunken. Kugeln peitschten die Felsen. Der Soldat legte Grastschenkow einen Tampon auf die Lippen – das weiße Kissen war im Nu aufgequollen und dunkel. Der Soldat knöpfte Grastschenkow rasch die Wattejacke und das klebrige Baumwollhemd auf. Nun kam der Schmerz, Grastschenkow stöhnte und hustete, der schwarze Tampon flog von seinen Lippen. Der Soldat wischte ihm mit einer Binde Hals und Kinn ab.

»Verbinden mußt du ihn«, sagte der Sergeant, aber der Soldat wischte Grastschenkow weiter das Blut, das er spuckte, vom Gesicht.

»Übernimm die Deckung! Ich mach das selbst!« schrie der Sergeant, der zu Grastschenkow gekrochen kam und den verwirrten Soldaten beiseite stieß. Der Soldat packte das MG und feuerte drauflos. Der Sergeant nahm sein Verbandpäckchen, holte Binde und Tampons heraus, fand die blubbernden Löcher auf Grastschenkows Brust und begann, das Gesicht vor Schmerz in der Schulter verzerrt, Grastschenkow zu verbinden. Mehr schlecht als recht gelang es ihm. Grastschenkow wurde still, streckte sich und wurde schnell steif.

»Es ist aus«, sagte der Sergeant und tastete vorsichtig nach seiner heißen, feuchten Schulter.

»Wir müssen zurück, bevor sie uns umzingeln!« schrie der Soldat, ließ das MG stehen und nahm seine MPi. »Die Magazine sind leer!«

»Grastschenkow hat noch welche!«

Aber Grastschenkows Marschgepäck lag auf der anderen Seite des Kamms, wo die Kugeln nur so prasselten.

»Zurück! In die Schlucht!« schrie der Soldat und kroch abwärts. Der Sergeant folgte ihm, vor Schmerz ächzend.

Sie krochen bis zur Mitte des Hangs, standen auf und rannten gebückt los, aber da umwirbelten sie rote Kugeln, und sie warfen sich hin. Geschossen wurde von oben und von unten, aus der Schlucht, wohin sie liefen. Der Sergeant und der Soldat schossen zurück.

Bald war die MPi des Sergeanten leer und verstummte, dann auch die des Soldaten.

»Was jetzt, Shenja?«

Der Sergeant schwieg.

»Lebst du noch, Shenja?« rief der Soldat.

»Hast du … Handgranaten?« fragte der Sergeant.

»Nein.«

»Da, nimm.«

»Was ist das?«

»Nimm schon.« Der Sergeant legte dem Soldaten eine Granate in die Hand. Von der zweiten zog er den Ring ab. Den weißen Metallbügel des Zünders an die gerippte Granate gedrückt, steckte der Sergeant die Faust mit der Granate unter sein Hemd.

»Was macht du da … Warte«, sagte der Soldat und kroch zur Seite, »nicht doch …«

Der Sergeant lag auf dem Bauch und schwieg. Über ihnen tauchten schwarze Figuren auf – Menschen schlichen den Hang hinab. Unter dem Sergeanten knackte der Zünder, eine dumpfe Detonation folgte, der Sergeant wurde geschüttelt und auf die Seite geworfen. Die Rebellen eröffneten das Feuer. Der am Leben gebliebene MG-Schütze legte die Handgranate auf die Erde, riß sein Taschentuch aus der Tasche, schwenkte es über dem Kopf und schrie: »Dust!* Genug! Aufhören! Nicht schießen! Mondana bostschi ... chub jesti!«**

* Freund
** Traditioneller afghanischer Gruß

Winter in Afghanistan

In dem langen, hohen Zelt brannte eine Petroleumlampe; sie stand auf einem Schränkchen in der hintersten Ecke, dort spielten die Dienstälteren Karten. Die Lampe warf ein glutrotes Licht auf den Hocker, auf den sie die Karten knallten, die Gesichter der Spieler und den Soldaten, der wie versteinert im Gang zwischen den Doppelstockbetten stand.

Mitten im Zelt bullerte ein runder Eisenofen, ein paar junge Soldaten saßen auf Hockern um ihn herum und wedelten die Fußlappen der »Opas«, der Dienstälteren, trocken – wie Toreros auf Holzpferden sahen sie aus. Obwohl, schwer vorzustellen, daß ein Torero fremde Fußlappen trocknen würde.

Manche dösten auf dem Bett, andere unterhielten sich träge; zwei Soldaten, die sich in die Nähe der Spieler gesetzt hatten, nähten weiße Kragenbinden in ihre Baumwollblusen. Ein dicker Soldat, die Beine in Stiefeln auf dem Fußteil seines Bettes und die Arme unterm Kopf verschränkt, lag da, den Blick auf den Federboden der oberen Koje gerichtet, und sang. Alle Lieder sang er nach der gleichen Melodie, mit teilnahmsloser, leiser Stimme, wie mechanisch, er war mit seinen Gedanken woanders.

Im Zelt war es warm, feucht und roch nach Öl, Tabak und schmutziger Kleidung. Die Soldaten hatten erst vor kurzem Abendbrot gegessen und warteten jetzt, satt und zufrieden, auf den Abendappell.

Der dicke Soldat sang: »Kein Haus, kein Hof, und du kennst kein Schwein. Kein Wodka, keine Frauen, woher auch, das muß so sein ...«

Die Toreros reizten mit den stinkenden grauen Lappen eifrig den Ofen, der an einer Seite bösartig glühte.

Jemand schnarchte.

Die Karten klatschten auf den Hocker. Die Dienstälteren spielten Schafskopf; sie rauchten, machten Bemerkungen und beachteten den dürren Soldaten neben sich nicht.

»Mich trifft's anscheinend«, sagte ein breitschultriger rothaariger Bursche in offener Feldbluse. Er hatte eine gewölbte behaarte Brust, einen kleinen Kopf und lange Arme. Er wurde der Udmurte aus Phnom Penh genannt. Diesen Spitznamen hatten ihm die früheren »Opas« gegeben, dabei war er Russe und stammte aus Udmurtien. Hinter seinem Rücken wurde er auch heute noch so genannt.

»Ich komm diesmal raus«, sagte ein kleiner schwarzhaariger Soldat, der Belorusse Sanko; das war sein Familienname, Sanko. Er warf die Trumpf-Zehn auf den Hokker.

»Oho«, sagte Ostapenkow. »Ich nehme an.«

»Aha, du nimmst an«, murmelte der Udmurte aus Phnom Penh, »dann geht's uns gut.« Und er legte gleich zwei Karten hin.

Der agile hagere Tatare Iwanow mit den großen Ohren starrte mit seinen klaren runden Augen gebannt auf die Karten, biß sich mit seinen scharfen kleinen weißen Zähnen auf die schmale Lippe und stach die beiden Karten mit Trumpf-Sechs und Herzdame.

Der Udmurte betrachtete die großäugige Dame mit der üppigen Frisur und sagte:

»Die erinnert mich an jemand.«

»An Valetschka«, sagte Ostapenkow.

»Valjas Haare sind dunkler«, wandte Sanko ein.

»Aber sie hat genausolche Augen, richtige Schafsaugen«, sagte Ostapenkow.

Schafskopf wurde Iwanow. Er sammelte die Karten ein und mischte sie geschickt mit seinen zupackenden langen Fingern. Ostapenkow klopfte seine Taschen ab, fand Zigaretten, rauchte an der Lampe eine an, nahm einen tiefen Zug und versuchte, einen Ring zu blasen. Beim zweitenmal gelang es ihm.

»Charlie Chaplin«, sagte er, »hat versprochen, eine Million an denjenigen zu zahlen, der zwölf Ringe schafft und dann noch eine Rauchfahne da durchbläst, die wieder ein Ring wird. Er war ein fanatischer Raucher.«

»Wahnsinn«, sagte der Udmurte. »Zwölf Stück.«

»Und wenn man extra trainiert?« Sanko nahm eine Zigarette, rauchte sie an und blies den Rauch portionsweise aus. Ihm gelang kein einziger Ring.

»Bis du das drauf hast, gibst du glatt eine Million für Zigaretten aus«, sagte Ostapenkow lachend.

»Na, gleich eine Million«, zweifelte der Udmurte aus Phnom Penh zaghaft.

»Klar, eine Million«, wiederholte Ostapenkow, machte eine Pause, warf einen Blick auf den Soldaten im Gang und fragte dann mit veränderter Stimme: »Wollen wir nun endlich reden, Dulja?«

Der Soldat im Gang – aus seinem Nachnamen Stodolja war Dulja geworden – sah auf die Lampe und schwieg. Er war ein gehorsamer junger Soldat, vom ersten Tag seines Dienstes im Regiment an war ihm, wie jedem Neuling, mit den Fäusten die einfache Wahrheit eingebläut worden: Wenn du auf die Gemeinschaft spuckst, wischt sie sich ab, aber wenn die Gemeinschaft auf dich spuckt, säufst du ab.

Die Gemeinschaft zerfiel in drei Kasten: »Zeisige«, »Keulen« und »Opas«; die ersten hatten ein halbes Dienstjahr hinter sich, die zweiten ein Jahr und die letzten anderthalb Jahre. Die »Söhne« und die »Heimkehrer«

gehörten zu keiner Kaste – die ersten standen ganz unten, unter der Kuratel der Gemeinschaft, die zweiten irgendwo außerhalb. Nach alter Gewohnheit konnten die »Heimkehrer« mitten in der Nacht eine Filterzigarette oder einen Becher Wasser ans Bett verlangen, aber sie mißbrauchten dieses Recht nicht, verhielten sich überhaupt zurückhaltend und vermieden es nach Möglichkeit, die Stimme mehr als nötig zu heben; sie waren nur noch ein paar Wochen in der Kaserne, und jedem war völlig klar, daß nun die »Opas« die Herren der Kaserne waren; die »Opas« hatten noch ein halbes Jahr zu dienen, sie konnten plötzlich wütend werden, alte Kränkungen wieder aufwärmen und die ganze Gemeinschaft mobilisieren, um sich an einer Handvoll »Heimkehrer« zu rächen – solche Fälle hatte es gegeben im Regiment.

Die Gemeinschaft lebte nach ihren besonderen Gesetzen, die irgendwann einmal von irgendwem aufgestellt worden waren. Diesen Gesetzen lag die dialektische Formel zugrunde: Alles fließt, alles verändert sich, aus einem Niemand wird ein »Opa«, das ist so unausweichlich wie der Untergang des Imperialismus. Das war schwer anzufechten. Aber das versuchte auch keiner. Es war verboten. Ein weiteres Gesetz: Halt den Mund, solange du nicht gefragt wirst. Das Recht zu fragen hatten die Angehörigen der höchsten Kaste. Wenn sie fragten, mußte man antworten. Und dieses Gesetz verletzte der spitznasige, großäugige Soldat mit dem Spitznamen Dulja gerade.

Er stand im Gang, blickte auf die Lampe und schwieg.

»Du hast noch«, Ostapenkow sah auf die Uhr, bis zum Appell blieben noch vierzig Minuten, »eine halbe Stunde.«

»Was soll's! Ist doch alles klar«, sagte Sanko. »Was ist, markieren wir den Idioten?«

Sanko legte eine Karte auf den Hocker.

Iwanow stach sie.

»Ich habe«, er verstummte und schielte zu Dulja, »ich habe gewisse Fakten, ja, Fakten«, wiederholte er.

»Ja?« fragte Ostapenkow.

»Ja.« Iwanow trommelte mit den Fingerspitzen auf den Hocker. »Aber später, später.«

»Zieh's nicht in die Länge, pack schon aus«, forderte Sanko ungeduldig.

Iwanow schüttelte den Kopf.

»Erst mal hören, was der uns erzählt.«

Der dicke Soldat, der vor sich hin gesungen hatte, setzte krachend seine Füße auf den Boden, stand auf, warf sich eine Zeltplane über und ging hinaus. Nach etwa zwei Minuten kam er zurück. Die Plane war tropfnaß. Er nahm sie am Eingang ab und schüttelte sie aus. Er ging zu seinem Bett, hängte die Plane auf das Bettgestell und nahm wieder seine vorherige Lage ein, ließ aber diesmal die Beine in den nassen, lehmverschmierten Stiefeln auf dem Boden. Er lag eine Weile still da, dann fing er wieder an zu singen: »Es hat sich ausgelaufen, ausgesprungen, ausgesungen, ausgeliebt. Dichter Nebel meine trunkene Jugend umgibt ...«

Der Soldat mit dem Spitznamen Dulja stand mit kraftlos herabhängenden Schultern vor den Spielern und verlagerte sein Gewicht mal auf das eine, mal auf das andere Bein. Er blickte auf die Lampe. Das Licht erschien ihm sengend, es tat seinen Augen weh, aber er wandte den Blick nicht von der Flamme hinter dem trüben Glas. So fiel ihm das Schweigen leichter.

Irgendwann hatte er das schon einmal erlebt. Er wurde dieses Gefühl nicht los. Ihm schien, als hätte er das schon einmal erlebt.

»Wasser«, sagte der Udmurte, ohne von den Karten aufzublicken.

Dulja ging gern nach Wasser – zum Abendbrot hatte

es versalzene Perlgräupchen mit gepökeltem Schweinefleisch gegeben, und er hatte Durst. Der Eisenkübel mit Trinkwasser stand auf einem Hocker am Ausgang, Dulja drehte den Hahn auf, füllte seinen Becher, leerte ihn schnell und wollte noch mehr trinken, aber der Udmurte schrie: »Was trödelst du so lange!«, und Dulja ließ Wasser einlaufen, kehrte um und gab dem Udmurten den Becher. Der Udmurte trank gierig.

Dulja stand wieder wie versteinert im Gang. Das gelbe Licht der Lampe blendete ihn erneut.

Das hätte sie doch lieber nicht ..., dachte er und schämte sich sofort. Er schämte sich, daß er so dachte, und weil er sich vorstellte, sie wäre jetzt hier, in dieser dunklen langen Behausung, stünde irgendwo in der Nähe und sähe ihn verständnislos an ...

»Noch zwanzig Minuten«, sagte Ostapenkow.

Dulja sah ihn an.

»Was glotzt du so?«

»Der braucht eins in die Fresse, dann wird er schon reden«, sagte der Udmurte.

»Dazu ist immer noch Zeit«, antwortete Ostapenkow. Er wollte hinzufügen, daß die Sache nicht so einfach sei, sagte aber nichts, weil er fand, das wäre zu schmeichelhaft für den »Sohn« Dulja. Ihm wurde auch so schon genug Ehre erwiesen. Seit sie den Brief gelesen hatten, war Dulja von niemandem auch nur angerührt worden, obwohl er ein Gesetz der Gemeinschaft grob verletzte – er antwortete nicht auf die Fragen der Älteren. Ohne Ostapenkow hätten sie Dulja natürlich längst verprügelt. Aber Ostapenkow verhinderte das. Ihn interessierte diese Sache. Sie hatte etwas Bedeutendes und Unheimliches. Oft hatten sie schon verhört und bestraft, hatten junge Soldaten sozusagen bis aufs Hemd ausgezogen, sie über alles ausgefragt: wie sie draußen gelebt, als was sie gearbeitet, ob sie viele Mädchen gehabt hatten, welche

Augenfarbe ihre Schwestern und Cousinen hatten und wie groß sie waren, wieviel Liter bei der Abschiedsfeier zu Hause getrunken worden waren; aus Verheirateten hatten sie die Geheimnisse der Hochzeitsnacht herausgeholt. Und konnte es denn etwas geben, das intimer und unheimlicher war als das Geheimnis der Hochzeitsnacht? Doch hier spürte Ostapenkow, es gab so etwas. Und das verblüffte ihn.

»Na, Dulja, überleg's dir«, sagte Ostapenkow, während er die Karten mischte. Diesmal hatte er verloren.

»Vielleicht soll er sich setzen?« fragte Iwanow. »Bist du müde, ja? Willst du dich hinsetzen?«

Dulja nickte unsicher. Iwanow seufzte:

»Na, dann bleib noch ein bißchen stehn.«

Der Udmurte, Sanko und die Soldaten, die den Scherz gehört hatten, lachten. Ostapenkow lachte nicht. Der Starrsinn des »Sohnes« machte ihn wütend.

Das Spiel ging weiter.

Der Ofen sang unentwegt seine feurigen Hymnen. Regen trommelte auf das Zeltdach. Es war Winter, ein schneeloser, schmutziger, regnerischer Winter mit kaltem Morgennebel und eisigen Winden am Tag.

Im Winter war der Dienst ruhig. Das Regiment rückte selten zu Einsätzen aus. Sogar Panzer blieben in der Steppe stecken, erst recht die Technik auf Rädern. Auch die Rebellen zogen es im Winter vor, sich zu erholen – die Hochgebirgspfade und Pässe waren zugeschneit.

Im Winter war es beinah friedlich, nur ab und zu warf ein rastloser Anführer seinen Trupp auf einen Straßenposten irgendwo in der Grünzone – im Winter waren die Grünzonen, die weiten Weinplantagen, weiß und wegelos. Oder es detonierte mal eine Mine unter einem Auto, das aus Kabul Mehl oder Konserven ins Regiment brachte. Aber das war kein Vergleich mit dem Sommerkrieg. Im Sommer führte das Regiment eine Operation nach der anderen durch. Im Sommer wurde im ganzen Land – in den Schluchten, auf den Gipfeln, hoch über den Wolken, im Wüstensand, in den grünen uralten Lehmstädten, in entlegenen Kischlaks – wurde überall geschossen, detonierten Minen und Granaten, erhellten Leuchtspurgeschosse die Nacht, wirbelten Kolonnen Staub auf, donnerten Geschützbatterien, wurden Häuser zerstört und Kornfelder zertrampelt. Im Sommer war es glutheiß, es roch nach Wermut, am Wegesrand standen gerade ausgebrannte Autos und lagen fliegenumschwärmte, aufgedunsene stinkende Esel mit weißen Augen. Im Sommer war es glutheiß.

Jetzt aber war Winter. Die Soldaten waren mit friedlichen Angelegenheiten befaßt, sie hatten Heimweh, nahmen zu, wurden blasser und vollwangiger.

Bis zum Appell blieben noch zehn Minuten. Dulja mußte »ja« oder »nein« sagen, aber er schwieg. Er hatte Angst, sich zu bekennen, weil er wußte, daß er dann bis zum Ende seines Dienstes keine Ruhe mehr haben würde. Was mit jemandem passierte, auf den sich die ganze Gemeinschaft konzentrierte, wußte er nur zu gut: Im Regiment gab es ein paar »ewige Söhne« – einer hatte versucht, sich zu erschießen, ein anderer hatte den Urin eines Gelbsuchtkranken getrunken, um zwei, drei Monate ins Lazarett zu kommen, und der dritte hatte bei seinem ersten Einsatz geheult. Sie waren die Zielscheibe des allgemeinen Spotts. Nicht nur die Gemeinschaft einer Abteilung, sondern der Verband aller Gemeinschaften widmete ihnen ihre Aufmerksamkeit. Jeder gerade flügge gewordene »Zeisig« konnte einen »ewigen Sohn« beschimpfen oder ihn am Ohr ziehen, ihm einen Fußtritt versetzen oder ihn zwingen, den Fußboden in der Kaserne zu wischen oder die Latrine sauberzumachen. Die »ewigen Söhne« waren ewig schmutzig und verlaust, sie hatten sich an ihre Lage gewöhnt und fanden sie wahrscheinlich normal; wahrscheinlich war es so, wenn sie so leben konnten.

Aber »nein« zu sagen, brachte er nicht über sich.

Wenn ich schweige, heißt das »ja«, dachte er voller Angst.

Und dann dieser Brief. Er hatte es nicht geschafft, ihn zu vernichten. Den Brief hatte Iwanow ihm abgenommen. Sie hatte einen bösen Traum gehabt und diesen Brief geschrieben, der einem Gebet ähnelte, und in jeder Zeile kam Gott vor. Die »Opas« hatten Dulja mit Fragen bestürmt, aber er schwieg.

Manchmal kam ihm der rettende Gedanke, den Brief habe nicht ich geschrieben, sondern mein Mädchen.

Je länger er schwieg, desto schwerer fiel es ihm, und desto mehr Angst hatte er, etwas zu sagen. Lieber an nichts und niemanden denken, sich an nichts erinnern, aber ...

Pappelflaum schwebte in der heißen, stickigen Luft über Fußgängern, Zeitungskiosken und Autos; Pappelflaum flog schräg an den Häusern entlang, berührte mit flauschigen Wangen die heißen rauhen Steinwände, blieb an den schiefen Kanten der blechernen Fensterbretter hängen und drang kühn in alle offenen Klappfenster ein. Er wollte das Fenster schließen, aber sie sagte: Laß doch, und das Fenster blieb weit geöffnet, Pappelflaum flog herein.

Während sie in der Küche Kaffee kochte, betrachtete er die Bücherregale, die zwei Wände des Wohnzimmers einnahmen; das war die Bibliothek ihres Vaters, der Bäkker in einer Brotfabrik war; da standen viele alte Bücher, sie waren abgewetzt, schwer und finster; er entdeckte ein Buch mit einer schwarzen Rose auf dem Rücken und schlug es auf; es war ein Band chinesischer Dichtung der

Tang-Dynastie. Die Titel der Gedichte belustigten ihn: »Ich beschreibe, was ich aus meiner grasgedeckten Hütte sehe«, »Ich stehe früh auf«, »Verse mit fünfhundert Worten darüber, was ich empfand, als ich mich aus der Hauptstadt nach Fengxian aufmachte«, »In einer Frühlingsnacht freue ich mich über den Regen«. Das ähnelte dem flauschigen weißen Pappelflaum, der sich vertrauensvoll an die grauen Häuser schmiegte und in jedes offene Fenster flog, und erinnerte an ein Kind, das von der Mutter fortläuft zu einem fremden Passanten, und an jemanden, der eine belebte Straße entlanggeht, an etwas Lustiges denkt, seine Lippen, Augen und Wangen nicht im Zaum halten kann und lächelt. Die Dichter hatten knisternde, klingende und flüsternde Namen: Yang Yuyan, Wang Wei, Liu Zhangqing, einer war wie ein schwacher Wind oder der Atem eines Schlafenden – Du Fu.

Sie lasen vor. Zuerst abwechselnd, aber er las schlecht.

»Mit Wein aus Sichuan
Könnt ich meine traurigen Gedanken vertreiben –
Doch ich hab keinen Fen,
Und niemand borgt mir was«,

las er, und es klang irgendwie platt und alltäglich, als beklagte sich ein Halbwüchsiger bei seinem Freund über seine Eltern, die ihm keine Jeans oder kein Tonbandgerät kaufen wollen. Er spürte das und las nicht weiter. Nun las sie. Und die Gedichte wurden zu dem, was sie waren: Seufzer, Tränen, Frühlingsregen, Klagen, Gras, Vögel, Berge, Türme, Dörfer, Wasserfälle und Schneeflocken, so groß wie Bastmatten. Dann las sie Du Fus Gedicht »Abschied der Neuvermählten«:

»Im Frühling sind die Windentriebe
Schwach.

Geradeso ergeht es mir:
Heiratet im Dorf ein Soldat,
So ist die Freude verfrüht ...«

und verstummte plötzlich. Sie senkte den Kopf und verbarg ihr Gesicht im Buch. Das Buch bebte in ihrer Hand. Er küßte ihre weiß gewordenen Finger, die den Umschlag umklammerten, und sie schluchzte

Es war erst Juli, noch waren zweieinhalb Monate Zeit, er hoffte, am Institut immatrikuliert zu werden, und dachte nicht ernsthaft an die Armee und schon gar nicht an Krieg, aber sie weinte und wiederholte immerzu, es sei schlecht, alles sei schlecht.

Warum denn bloß, fragte er, und sie antwortete, ich weiß nicht, laß mich in Ruhe, geh, stör mich nicht beim Lernen.

Es war erst Juli, Anfang Juli, er saß tagelang über den Lehrbüchern, bereitete sich auf die Aufnahmeprüfungen vor und sah die Zukunft deutlich vor sich. Sie würden fünf Jahre in den Hörsälen des Instituts und in Bibliotheken verbringen, dann als Lehrer in irgendein entlegenes Dorf hinter Tannenwäldern und silbergrauen Hügeln fahren; sie würden ihr eigenes Haus mit Garten haben, im Frühling würde der Garten weiß sein, im Herbst würden sie morgens Äpfel aufsammeln – das war's. Allerdings wollte sie nicht ins Dorf. Aber er war unbeugsam. Schon in der neunten Klasse hatte er »Das Leben des Protopopen Awwakum« gelesen, und seitdem war er von dem Wunsch beseelt, sein Leben irgendwie auf dem Altar zu opfern. Wie er sein Leben auf nämlichen Altar legen könnte, wußte er nicht, ihn quälte der Gedanke, daß er diesen Altar nicht finden und sein Leben sinnlos und langweilig verbringen würde. Doch in seinem Herzen schwelten die Predigten des Widerspenstigen: »Traurig sitze ich da und denke: Was tun? Gottes

Wort predigen oder mich irgendwo verstecken? Denn Frau und Kinder binden mir die Hände.

Als meine Protopopin mich so traurig sah, kam sie voller Behutsamkeit zu mir und sagte: ›Warum, mein Herr, bist du traurig?‹

Ich aber teilte mich ihr mit: ›Frau, was soll ich tun? Draußen ist ketzerischer Winter; soll ich reden oder schweigen? Ihr habt mich gebunden!‹

Sie aber sagt: ›Herr, erbarme dich! Was sagst du da, Petrowitsch? Ich habe gehört, wie du doch die Worte des Apostels gelesen hast: Bist du mit einer Frau verbunden, so trachte nicht, die Bande zu lösen; schwörst du ab, so suche keine Frau! Ich segne dich mitsamt den Kindern. Wage es ...«

Am Ende seiner Schulzeit fand er seinen Altar, als er von den Volkstümlern las, die als Lehrer ins Dorf gegangen waren.

Sie bereiteten sich eben auf die Aufnahmeprüfungen vor, stritten sich aber schon so, als würden sie morgen oder übermorgen ihr Diplom bekommen. Sie schlug einen Kompromiß vor: drei Jahre, wie vorgeschrieben, in der Dorfschule zu bleiben und dann zurückzukehren. Doch der unbeugsame Petrowitsch gab ihm etwas anderes ein, er bestand darauf, daß sie für immer fahren müßten, bis zum Tod, daß sie in der Einöde leben und das trotz Elektrifizierung plus Fernseher immer noch ungebildete Volk aufklären müßten. Außerdem hatte er sich beim Gedanken an ihr künftiges Leben im Dorf in den weißen Garten, das Holzhaus mit den großen Fenstern und den großen Ofen, solide, wie ein mittelalterliches Schloß, verliebt.

Zum Fenster herein flog der weiße Flaum, vor ihnen lagen fünf Jahre Studium am Institut und ein langes Leben in einem Haus mit einem weißen Garten drum herum, sie aber hielt sich das Buch vor's Gesicht und weinte.

Die Aufnahmeprüfung bestand er nicht.

Er zuckte von einem scharfen Knall zusammen. Ostapenkow hatte die Karten heftig auf den Hocker geworfen.

»Was ist, hast du dir die Zunge abgebissen?« zischte er durch die Zähne.

»Is doch klar wie Kloßbrühe, Mann«, sagte Sanko. »Warum sagt er denn nichts? Und warum hat's denn seine Alte im Brief dauernd mit Gott, Mann. Wir müssen's dem Politstellvertreter und dem Kompaniechef melden.«

»Nein, damit werden wir selber fertig«, schnitt ihm Ostapenkow das Wort ab. »Der wird schon reden. Wir werden ihm die Zunge schon irgendwie lösen. Oder ich bin nicht ich.«

»Mann, das ist doch jedem Dussel klar«, wandte Sanko ein.

»Wir sind keine Dussel«, antwortete Ostapenkow und ließ seine Muskeln spielen.

»Also folgendes«, sagte der Tatare Iwanow leise und entschlossen. Er richtete seine klaren runden Augen auf Dulja. »Wir hatten bei uns im Forstbetrieb«, sagte er langsam, »einen Baptisten. Oder einen Sieben-Tage-Adventisten.«

Der Udmurte lachte.

»Einen Frommen jedenfalls«, fuhr Iwanow fort. »Ich kenne diese Sorte. Die hab ich studiert. Du sagst dem zum Beispiel, wenn du besoffen bist, was direkt ins Gesicht, und der tut wie eine Jungfer vor der ersten Abtreibung.«

»Dann isses schon keine Jungfer mehr«, bemerkte der Udmurte.

»Wie vor der ersten Abtreibung: wird blaß und zittert. Und sagt: Warum sagt ihr so was, warum macht ihr das.«

»Und du gibst ihm eins zwischen die Hörner«, sagte der Udmurte.

»Wer wird sich denn die Finger schmutzig machen.« Iwanow zuckte angewidert die Achseln.

»Du hast was von Fakten gesagt – was für Fakten?« fragte Ostapenkow ungeduldig.

»Gleich kriegst du Fakten. Aljocha!« rief Iwanow. »Zu mir!«

Von einem Hocker sprang einer der Toreros auf, ein rundlicher, kleiner, dunkelhäutiger Bursche. Er kam angelaufen, blieb stehen, schniefte mit seiner Stupsnase, musterte mit tränenden Augen die Gesichter der »Opas« und sagte munter: »Zur Stelle!«

»Kuckt sie euch an«, forderte Iwanow auf.

Alle sahen die beiden »Söhne« an.

»Na, Aljocha, wie geht's? Was macht das Leben?« fragte Iwanow.

Aljocha sah ihn fragend an, las etwas in seinen Augen und antwortete in ziemlich ungeniertem Ton:

»Wir halten den Arsch hin und werden zu Männern!«

»Hahaha!«

»Pfhahaha!«

»Na, kannst gehn, Aljocha«, sagte Iwanow freundlich lächelnd. »Habt ihr das gesehn?« fragte er seine Kameraden.

»Haben wir, und weiter?« fragte Sanko.

Iwanow sah ihn väterlich-vorwurfsvoll an.

»Mir ist schon lange aufgefallen, schon vom ersten Tag an, daß dieser Dulja, diese Null, anders ist als die andern. Alle sind normale ›Söhne‹, und der ... Also, der erste Fakt«, sagte er gewichtig. »Wer hat Dulja schon mal fluchen gehört? Wer«, er hob die Stimme, »wer hat das schon mal gehört?«

Alle im Zelt wurden still. Neugierige drängten sich zum Ort der Verhandlung. Die »Opas« kamen heran und setzten sich grinsend auf Betten und Hocker. Auch die »Keulen« traten näher; »Söhne« und »Zeisige« hörten von weitem zu, reckten die Hälse und sahen sich ängstlich an.

»Also«, sagte Iwanow. »Das zum ersten. Zweitens. Wenn einer Prügel gekriegt hat, na, eben zur Vernunft gebracht wurde, hat er immer Augen gemacht wie eine Jungfer vor der ersten Abtreibung.«

Der Zelteingang wurde geöffnet, ein Helfer des Sergeanten vom Dienst steckte den Kopf herein.

»Der Kompaniechef!« rief der Kopf mit runden Augen heiser und verschwand.

Die Toreros sprangen von ihren Hockern auf, rannten im Zelt umher und wedelten mit den Fußlappen den Tabaksqualm weg. Die »Keulen« und »Opas«, die nach den Gesetzen der Gemeinschaft angezogen auf den Betten liegen oder sitzen durften, standen auf, zogen die Betten glatt und verkrümelten sich schleunigst in die Ecken.

»Die Fußlappen her!« zischte der Udmurte; die »Söhne« kamen angerannt und gaben ihm die fast trockenen, warmen Fußlappen.

Der Eingang wurde geöffnet, und gebückt, um sich nicht den Kopf am Querbalken zu stoßen, trat der Oberleutnant ein.

»Kompanie!« schrie der diensthabende Sergeant mit wilder Stimme. »Stillge…«

»Rührt euch«, sagte der Oberleutnant, richtete sich auf und ging zur Zeltmitte.

Er war groß, schlank und breitschultrig, hatte spöttische dunkle Augen, kleine feste Lippen, ein Doppelkinn, einen kleinen dichten Schnurrbart und eine Narbe vom linken Ohr bis zum Kehlkopf.

Er sah sich um, wandte sich dem bullernden Ofen zu und schüttelte den Kopf.

»Ausmachen«, sagte er kurz, und eine »Keule« drehte das Ventil des Petroleumkanisters zu.

»Ihr wißt doch Bescheid«, sagte der Kompaniechef.

Vor einer Woche war das Regiment über einen Vorfall in einem Truppenteil bei Kandahar informiert worden, wo ein ganzer Zug in einem Zelt verbrannt war – der Sergeant vom Dienst und seine beiden Helfer waren eingeschlafen, heißes Petroleum war aus dem Ofen über den Bretterfußboden geflossen.

Der Oberleutnant betrachtete immer noch die rotglühende Seite des Ofens und fragte den Soldaten, der hinter ihm stand:

»Woronzow, was hast du da in der Hand?«

»Nichts, Genosse Oberleutnant«, antwortete Woronzow aufrichtig. Es war Aljocha.

»Nichts mehr.« Der Kompaniechef seufzte. »Und was hattest du da?«

»Nichts.«

»Ostapenkow, herkommen«, rief der Kompaniechef gelangweilt.

Ostapenkow trat in die Mitte. Der Kompaniechef wandte sich ihm zu.

»Nun sag schon: ›Genosse Oberleutnant, Soldat Ostapenkow auf Ihren Befehl zur Stelle.‹ Wir sind hier schließlich nicht im Kolchos, oder?«

»Genosse Oberleutnant«, begann Ostapenkow schüchtern lächelnd Meldung zu machen.

»Was hat Woronzow dir gegeben?« unterbrach ihn der Kompaniechef.

»Nichts. Mir nichts.«

»Wem denn? Dir, Udmurte?«

»Nein, mir nicht!« bellte der Udmurte.

»Woronzow«, sagte der Kompaniechef. »Angenommen, ich komme die Straße in deinem Dorf lang. Und da treffe ich dich, Woronzow. Du hast ein Mädchen bei, einen Schlips um …«

»Ich trag keinen Kulturstrick«, sagte Woronzow grinsend, »das ist Müll.«

»Halt die Klappe, wenn du nicht gefragt wirst«, flüsterte Iwanow laut.

Der Kompaniechef fuhr fort:

»Ich treffe dich also. Mit einem Mädchen. Ohne Kulturstrick. Im Jeansanzug. Du sparst doch schon Schecks für einen Jeansanzug? Oder nicht?«

»Ich spare nicht.«

»Was denn? Alle sparen. Was machst du denn damit? Läßt du sie dir abnehmen?«

»Nein. Ich geb alles für Fressen aus«, murmelte Woronzow schnell.

»›Fressen‹, ›Müll‹.« Der Oberleutnant runzelte die Stirn.

»Na, eben für Kekse, Konfekt und so.«

»Sag nicht dauernd na, bist nicht im Pferdestall«, ließ sich Iwanow wieder flüsternd vernehmen.

»Also gut. Ich treffe dich, ziehe meine zerrissenen Socken aus, die ich ein Jahr nicht gewaschen habe, halte sie dir hin und sage, die wäschst und trocknest du mir schnell, sonst dreh ich dich durch die Mangel.«

Alles lachte.

»Was würdest du mir antworten? Du würdest mir ein Ding verpassen, und Schluß. Stimmt's?«

»Der wird doch mit Ihnen nicht fertig«, sagte einer der »Opas«.

»Na, dann würde er seine Kumpels rufen oder zum Vorschlaghammer greifen. Stimmt's?«

»Nein«, antwortete Woronzow und sah den Kompaniechef ergeben an.

Der Kompaniechef lächelte.

»Na, dann eben nicht ich, sondern irgendein anderer. Ist doch egal. Da, Stodolja zum Beispiel. Was würdest du ihm antworten?«

Woronzow sah zu Stodolja.

»Dem? Haha.«

»Eben. Also was zum Kuckuck sagst du hier nicht auch allen, sie können dich mal ... Sag, für wen du die Fußlappen getrocknet hast«, verlangte der Kompaniechef streng. »Oder du gehst ab in den Bau.«

»Wofür denn?«

»Für alles Gute. Und warum riecht es im Zelt nach Rauch? Hast du etwa geraucht, Stodolja?«

Wieder lachte alles. Stodolja war der einzige Nichtraucher in der Kompanie.

»Warst du das?«

Stodolja schüttelte den Kopf.

»Du nicht. Wer dann? Na, antworte.«

Stodolja sah den Kompaniechef schweigend an.

»Warum sagst du nichts?«

Alle verstummten erwartungsvoll.

»Ich weiß nicht, hab's nicht gesehen«, sagte Stodolja endlich mit blecherner Stimme.

»Natürlich, woher sollst du das wissen. Du hast alles Mögliche im Kopf, nur nicht den Dienst, die reale Gegenwart, sozusagen, die bemerkst du gar nicht, schläfst mit offenen Augen. Soll ich mir euch einzeln in einem stillen Winkel vornehmen? So, daß keiner was hört und sieht, ja? Oder vielleicht schreibt ihr mir anonyme Briefe? Wollen wir das einführen? Keiner weiß was, keiner hört was, sie lassen sich schikanieren, sie sagen keinen Ton, sie lassen sich die Nasen blutig schlagen und Veilchen verpassen, und dann erzählen sie einem, ich bin hingefallen, bin ausgerutscht, und davon habe ich das Veilchen. Ich nehm euch eines Tages alle auseinander! Du brauchst nicht zu lachen, Ostapenkow, du kommst als erster ins Strafbataillon!« Der Kompaniechef verstummte und sah zur Uhr. »Der Regimentsappell fällt aus«, sagte er.

Die Soldaten johlten vor Freude.

»Es regnet. Und Neujahr steht vor der Tür. Also ... Was ist, sind alle da? Wer hat heute Dienst? Topady. Topady, wer sind deine Helfer?«

Sergeant Topady nannte drei Namen.

»Wieder lauter Junge. So geht das nicht. Das Spiel gilt nicht. Der Udmurte wird Dienst machen, Iwanow und Sharow. Noch Fragen?« Der Kompaniechef sah noch einmal zur Uhr und wandte sich zum Ausgang. »In einer halben Stunde ist Nachtruhe, ich komme kontrollieren, wen ich dann noch in vertikaler Lage antreffe, der ist selbst schuld. Diensthabende, daß ihr mir den Dienst nicht verbockt. Das war's.«

»Ich mach keinen Dienst«, sagte Sharow. Das war der dicke Soldat, der den ganzen Abend vor sich hin gesungen hatte. Er war ein »Heimkehrer«, der letzte der Mohikaner; seine Kameraden waren schon vor einem Monat in die Sowjetunion zurückgekehrt, er mußte wegen einer Prügelei mit einem Fähnrich länger bleiben.

Dieser Fähnrich hatte die Angewohnheit, abends auf der Offizierslatrine zu sitzen und durch den Türspalt einen Lockenkopf zu beobachten, der ab und zu zwischen den Vorhängen eines erleuchteten Fensters auftauchte. Valja, die Stabssekretärin, hatte reiche Auswahl im Regiment, und der unansehnliche, ausgezehrte und verlebte Fähnrich war ohne jede Chance. So saß er abends in der Toilette ihrem Fenster gegenüber. An jenem verhängnisvollen Abend hatte sich der Fähnrich zu heftig erregt, als er zwischen den Vorhängen eine weiße Brust und ein Stück Bauch erblickte. Mitten in der Nacht wachte er auf; er wälzte sich hin und her, konnte aber nicht wieder einschlafen, immerzu sah er diese

Brust mit der braunen Spitze und das weiße Stück Bauch vor sich; er stand auf, zog sich an und ging, ohne zu wissen warum, zu Valjas Fenster. Es war nur angelehnt, er stieß es auf, kletterte aufs Fensterbrett und sah im Dunkeln zwei atemlose weiße Körper, im selben Moment sprang einer der Körper auf, und der Fähnrich flog vom Fensterbrett, aus der Nase rann ihm Blut auf die Uniform. Der Fähnrich stand wortlos auf, kletterte wieder durchs Fenster und fiel zusammen mit einem halbnackten Soldaten raus. Sie wälzten sich am Boden, krächzten und prügelten aufeinander ein. Valetschka schloß das Fenster und sah zu, biß sich auf die Lippen und zischte böse. Der Kommandeur des Panzerbataillons, den ein Bedürfnis rausgetrieben hatte, sah sie, meinte, Feinde wären ins Regiment eingedrungen, lief zur Offiziersunterkunft und schrie: »Alarm!« Beim Verhör, das der Stabschef selbst führte, log der Fähnrich, er hätte gesehen, wie jemand das Fenster öffnen wollte, als er den Einbrecher packte, hätte der um sich geschlagen; Valetschka behauptete, sie wüßte nichts, den Soldaten sähe sie zum erstenmal, den Fähnrich auch; sie hätte geschlafen und dann Lärm gehört, Schreie und Schüsse. Sharow faselte Unsinn, um Valjas Ruf zu retten, der schon längst durch und durch ruiniert war. Schließlich verhedderte sich der Stabschef in der Geschichte, brach das Verhör ab, verwarnte Valetschka und den Fähnrich, den Sergeanten Sharow aber degradierte er, sperrte ihn für zehn Tage ein und versprach ihm, Neujahr würde er nicht zu Hause erleben, sondern noch im Regiment.

»Sei nicht stur, Sharow«, sagte der Kompaniechef sanft. »Du weißt doch, ich hätte dich längst entlassen, aber … Von mir aus könntest du Tag und Nacht auf der faulen Haut liegen. Doch die Leitung will wissen, ob du Dienst tust oder bloß rumgammelst. Ich kann sie doch nicht anlügen, gib's zu.«

»Ich mach keinen Dienst«, wiederholte der ehemalige Sergeant gleichgültig. Er nahm sein Koppel ab. »Machen Sie Meldung an den Chef der Wache.«

»Im Bau ist es kalt jetzt.«

»Machen Sie Meldung«, sagte Sharow finster.

»Du gehst mir langsam auf die Nerven.«

»Machen Sie Meldung.«

»Mach ich auch, was denkst denn du.«

»Machen Sie Meldung.«

Der Oberleutnant räusperte sich.

»Na ja, du hast noch genug Zeit, im Bau zu sitzen.« Er seufzte: »Ich nehm die Sünde auf mich. Wen haben wir da noch? Amindshonow, du bist der dritte. Und daß ja keiner quatscht!« sagte er laut zu allen.

Die Soldaten reagierten mit begeistertem Gejohle. Der Oberleutnant ging hinaus in den Regen und wußte, daß sie ihn nun noch mehr liebten.

Die Kartenspieler kehrten in ihre Ecke zurück, zündeten Streichhölzer an und rauchten. Sharow zog sich aus, legte sich hin und zog die Decke über sich, obwohl bis zur Nachtruhe noch eine halbe Stunde Zeit war. Aljocha Woronzow füllte drei grüne angeschlagene Feldgeschirre mit Wasser und stellte sie auf den Ofen. Der verstummte Ofen bullerte los; das Ventil war wieder geöffnet.

Iwanow und der Udmurte waren wütend, sie hatten absolut keine Lust, Wache zu schieben. Ostapenkow näherte sich Aljocha Woronzow, der mit einer Zellophantüte Beutetee am Ofen saß. Aljocha witterte nichts Gutes und stand mit schuldbewußter Miene auf. Er war bereit, den Befehl »Seele zum Gefecht!« auszuführen. Dieser seltsame Befehl kam niemandem seltsam vor; wem er galt, der mußte einfach die Brust vorrecken und einen Faustschlag auf den zweiten Knopf von oben einstecken – in der Banja waren begriffsstutzige und ungeschickte »Söhne« und »Zeisige« gleich zu erkennen, auf ihrer Brust prangten die »Idiotenorden«, blaue Flecke. Woronzow war auf einen Schlag vorbereitet, schließlich hatte er dreimal versagt: er hatte den »Opas« die Fußlappen nicht rechtzeitig zurückgegeben, hatte gequatscht, ohne daß ihn jemand gefragt hatte, und sich ausgedrückt wie im Pferdestall.

Aber Ostapenkow legte ihm die Hand auf die Schulter und sagte:

»Setz dich. Und mach den Tee schön stark.«

»Zu Befehl!«

Ostapenkow schwieg eine Weile, dann fragte er plötzlich:

»Sag mal, könntest du Dulja eine Ohrfeige verpassen?«

»Dulja?«

»Hmhm.«

»Wofür?«

»Nur so. Wenn wir dich sehr darum bitten. Ein Experiment.«

Woronzow blinkerte verwirrt und stammelte:

»Na ja, aber wie denn? Ich weiß doch gar nicht, wofür.«

»Das findet sich.«

»Ja? Ich weiß nicht ... Wenn's unbedingt sein muß ...«

»Es muß sein. Wir wecken dich dann«, sagte Ostapenkow. »Mach den Tee und leg dich schlafen, wir holen dich, wenn es soweit ist.«

Ostapenkow ging in seine Ecke, wo Iwanow, der Udmurte, Sanko, noch einige »Opas« und zwei »Keulen«, die mit »Opas« befreundet waren, auf ihn warteten.

»Wo ist der Kerl?« fragte Ostapenkow.

»Weg. Der muß sich wohl die Hosen saubermachen«, sagte eine »Keule«.

»Wer hat ihm das erlaubt?« fragte Ostapenkow. Er rief nach dem diensthabenden Sergeanten. Der Sergeant sagte, zur Toilette abgemeldet hätten sich Boiko und Sarakesjan, Dulja nicht. Ostapenkow machte ein langes Gesicht. Das war der Gipfel – alle »Söhne« und »Zeisige« hatten auf jeden Fall zu melden, für wie lange und wohin sie sich in persönlichen Angelegenheiten entfernten. In der Regel verließen sie das Zelt in persönlichen Angelegenheiten nur, um zur Latrine zu gehen. Die »Zeisige« durften allerdings noch ihre Landsleute in anderen Abteilungen besuchen oder in die Bibliothek gehen, »Söhne« durften nicht zu ihren Landsleuten und in die Bibliothek, nur unter der Bedingung, daß der »Sohn« die Dienstvorschriften für den Wachdienst auswendig kannte – natürlich versuchte niemand erst, diese Prüfung zu bestehen, um in die Bibliothek gehen zu dürfen.

»Laß doch«, sagte Iwanow, »der sieht nicht aus, als ob er uns verpfeift. Diese Sorte kenn ich, die haben Grips.«

»Von wegen, und ob der das macht«, sagte Sanko leise und versuchte sich zu erinnern, ob er Dulja auch geschlagen hatte oder nur beschimpft.

»Das soll er mal versuchen«, sagte der Udmurte und kratzte sich die zottige Brust.

»Der hat einfach vergessen, daß er ein ›Sohn‹ ist«, sagte Iwanow.

Ostapenkow zündete sich eine Zigarette an. Er zog den Rauch ein und drehte das abgebrannte, verkohlte Streichholz nachdenklich zwischen den Fingern.

»Und wenn er uns reinlegt, wie?« fragte Sanko.

»Ach, Quatsch, Männer«, sagte die zweite »Keule«.

»Der sitzt auf dem Klo«, sagte ein »Opa«.

Sie schwiegen.

»Ist bald Nachtruhe?« fragte Sanko.

Ostapenkow sah ihn finster an.

»Erst, wenn wir mit dem fertig sind«, sagte er.

Zehn Minuten vergingen, zwanzig, Boiko und Sarakesjan kamen von der Toilette zurück. Dulja hatten sie nicht gesehen.

»Die Kleinen und die ›Keulen‹ legen sich schlafen, wir bringen diese Sache erst zu Ende. Gib das Signal, Topady«, sagte Ostapenkow.

Der diensthabende Sergeant, ein Moldauer, sah auf die Uhr und schrie: »Nachtruhe!«

Alle machten sich bettfertig: die »Zeisige« eilig, die »Keulen« gemächlich und die ›Söhne‹ blitzartig – Stiefel krachten, Koppelschlösser schepperten und Bettfedern quietschten.

Die »Opas« und zwei »Keulen« tranken schwitzend und laut prustend schwarzen Tee.

Dazu aßen sie Kekse und Zucker. Die Kekse rochen leicht verschimmelt. Im Winter schimmelte alles: der Tee, die Makkaroni, Suppen, Kartoffelpulver und Brot. Wer jemanden im Lebensmittellager kannte, aß kein Brot, der brachte Kekse zum Essen mit. Das Brot wurde im Regiment gebacken. Die Laibe waren fest, flach, hart und kaffeefarben – sie rochen nach Chlor und schmeckten sauer – von diesem Brot litt das ganze Regiment an Sodbrennen, bis zum Erbrechen. Die Offiziere aßen anderes Brot, Weizenbrot, das war hoch, weich und hell – Offiziersbrot. Gutes Mehl und Hefe bekam das Regiment nur wenig. Krieg ist Krieg.

»Nein, davon hat er doch nichts«, sagte Iwanow. »Dafür wird er auch nicht gerade gelobt: ein Zuträger, und dann auch noch fromm.«

»Mir hat mein Bruder erzählt«, erinnerte sich die erste »Keule«, »sie hatten auf ihrem Schiff – er hat bei der Marine gedient – auch so einen. Den haben sie zum Dienst an Land geschickt.«

»Mehr nicht?«

»Mehr nicht. Gläubige dienen auch, nur die Baptisten

weigern sich total. Die gehen lieber ins Gefängnis als daß sie einen Waffeneid leisten, die ... Holzköpfe. Der ist also kein Baptist, sondern nur so.«

»Na, aber was haben wir ihm denn groß getan?« fragte Sanko.

»Ich zum Beispiel hab ihm nie ein Haar gekrümmt, ja. Na, ein bißchen schikaniert haben wir ihn, wie alle. Na und, soll der etwa wie ein Herr leben, ja? Das haben wir alle durch. Die haben Chan nicht mehr erlebt, die Glückspilze. Machen wir etwa Zigarettenkippen an seinen Fußsohlen aus? Oder schlagen wir ihm die Zähne raus? Oder – erinnert ihr euch? – Chan hatte mal den Zigeuner gefesselt, und wir mußten ihm alle ins Gesicht spucken.«

»Die Quittung haben wir ja gekriegt. Der Zigeuner ballert bestimmt immer noch auf unsere Kolonnen, das Schwein. Den müßten wir mal erwischen.«

»Chan ballert jetzt auch – auf eine Knastlatrine irgendwo bei Workuta.«

»Den Zigeuner müßte man erwischen.«

»Der säuft vielleicht längst in Chicago Whisky.«

Sanko stand auf, gähnte laut und sagte:

»Also, dann.«

»Wo willst du hin?« hielt Ostapenkow ihn zurück.

»Schlafen. Ich hab heut nacht irgendwie schlecht geschlafen«, murmelte Sanko müde und setzte sich wieder.

»Wenn du Chan besuchen fährst, kannst du dich im Zug auspennen«, sagte der Udmurte lachend.

»Wir gehen ihn suchen«, sagte Ostapenkow.

»Es regnet doch«, sagte die zweite »Keule« verzagt.

Ostapenkow drehte sich zu ihm um.

»Ich kapier überhaupt nicht«, sagte er, »was habt ihr hier zu suchen?«

»Na wir ...« Die »Keule« lächelte verlegen.

»Komm, Serjoga, wir gehn schlafen«, forderte die erste »Keule« ihn auf, und sie zogen geknickt lächelnd ab.

»Ich glaub auch nicht, daß der uns verpfeift«, sagte Ostapenkow.

»Das heißt ...«

»Eins von beiden: entweder er sitzt bei irgendeinem Landsmann, oder er kriecht am Posten vorbei.«

»Ich brech diesem Kasper die Hörner ab, ich werd dem ...« Der Udmurte verstummte. »Habt ihr das gehört?« Eine zweite Detonation ertönte. Eine Minute später krachte es wieder. Die Soldaten gingen nach draußen, in den Regen und die Dunkelheit.

»Die schießen auf die erste Batterie«, sagte der Diensthabende. »Granatwerfer sind das.«

An der Flanke des Regiments flammte Feuer auf, und ein hölzernes Krachen ertönte – die Batterie schoß mit Haubitzen zurück.

»Es war doch gar kein Alarm«, murmelte Sanko.

Minen detonierten, gleich darauf antworteten die Haubitzen im Chor: Bum! Bum! Buum! An der Flanke des Regiments färbten Leuchtspursalven den Himmel rot, sie kreuzten sich und verschwanden in der Dunkelheit. Das Knattern der MPis war im unaufhörlichen Glucksen und Trommeln des Regens auf dem Dach des Postenpilzes kaum zu unterscheiden. Die Detonationen wurden häufiger. Maschinengewehre und ein Schnellfeuergranatwerfer setzten ein. Es goß in Strömen, die Haubitzen krachten: Bum! bum!, und Feuergeprassel zerriß die Nacht.

Die »Opas« kehrten ins Zelt zurück. Sie umstanden den Ofen, rauchten und schwiegen. Die Möglichkeit eines Alarms lastete auf ihnen, sie hatten keine Lust, nachts im Winterregen zu kämpfen, sie wollten unter die Decke kriechen, alles zum Teufel schicken und von zu Hause träumen.

»Da haben wir's! Wie?« sagte Sanko mit dünner fremder Stimme.

»Was?« fragte Ostapenkow scharf.

»Was, was! Ist doch scheißegal, was er macht, und wenn er eine Ikone auf dem Bauch mit sich rumschleppt!«

»So?« Ostapenkow kniff die Augen ein. »Und wenn ich morgen mit ihm ins Gefecht muß? In die Attacke, hm?«

»Genau«, bekräftigte Iwanow.

»Der rennt doch weg«, fuhr Ostapenkow fort, »schmeißt seine MPi hin und haut ab, dir stechen sie die Augen aus, und der flennt rum und macht 'ne Fliege, wie? Diese Baptisten und Adventisten, zum Nordpol müßte man die alle schicken, damit's hier nicht nach Weihrauch stinkt! Diese verfluchten Scheißer! Scheißer!«

»Ich kenne diese Sorte. Ich beobachte diese Mimose schon lange«, sagte Iwanow. »Wie der damals den Gefangenen angekuckt hat ...«

»Der möchte schon sauber bleiben! ... Aber damit ist's Essig!« Ostapenkow schwenkte die Faust. »Essig ist's damit. Da soll er sich lieber gleich aufhängen. Entweder er wird ein richtiger Aufklärer, oder er soll abhaun, Engel haben bei den Aufklärern nichts zu suchen.«

»Ostap«, sagte plötzlich eine spöttische Stimme von der Seite, »he, Ostap.«

Ostapenkow zuckte zusammen und drehte sich um. Durch die Gitterstäbe des Kopfteils seines Bettes sah ihn der ehemalige Sergeant Sharow an. Er lag unter der Decke, die Arme unterm Kopf verschränkt.

»Keine Angst, ich bin's bloß«, sagte Sharow.

»Ich und Angst? Vor dir etwa?« Ostapenkow versuchte seine Gesichtsmuskeln zu entspannen, aber es wurde ein verkrampftes Lächeln, die Wangen zuckten, die Lippen bebten, die Brauen zitterten, und das Gesicht versteinerte wieder.

»Klar, jetzt hast du keine Angst mehr vor mir«, sagte Sharow friedfertig.

»Ich hatte nie Angst vor dir.«

»Das scheint dir jetzt so. Im Traum. Mit scheint auch manchmal, daß ich keine Angst vor Chan hatte. Hatte ich aber, obwohl wir ein Jahrgang waren. »Sharow nahm eine Schachtel vom Schränkchen, zog eine Zigarette heraus und rauchte sie an. »Ich hab zugesehn, wie ihr diesen ›Sohn‹ auseinandernehmt, und ... Soll ich dir mal was sagen, Ostap?«

»Sag schon.«

»Das wird dir leid tun. Später.«

»Mir? Hahaha.«

Die Tür quietschte, alle drehten sich um und erblickten im Gang einen Mann mit dunklem Gesicht. Er stand im Eingang, tropfnaß, hinter ihm rauschte, gluckerte und detonierte die Nacht. Der Diensthabende versetzte ihm einen Stoß in den Rücken und schloß die Tür von außen. Stodolja schwieg. Alle blickten auf seine tropfnasse Wattejacke, die alte, längst ausgediente Mütze mit den angesengten Ohrenklappen, auf die riesigen zerschlissenen Filzstiefel, auf seine blauen Lippen, seine nasse spitze Nase und seine Augenhöhlen.

»Komm her an den Ofen«, sagte der Udmurte.

Ostapenkow warf einen Blick auf den Udmurten und starrte wieder auf Stodolja.

»Ah«, sagte Ostapenkow heiser, »ein Gespenst ...«

Stodolja schwieg.

»Wo warst du?« fragte Ostapenkow.

Stodolja hob den Blick und bewegte die Lippen.

»Was ist? Ich höre nichts!«

»Ich glaube«, wiederholte Stodolja.

Glückliche Heimkehr

Der Hüne von General sagte grinsend, daß Orschew nun für immer im Regiment bleibe; Orschew versuchte sich davonzumachen, aber der General erwischte ihn überall, da beschloß Orschew, den General umzubringen, er schlich sich an ihn heran, mal in Gestalt einer Schlange, mal in Gestalt eines Greises, eines Kindes, einer Frau oder eines Panzers, doch der General erkannte ihn jedesmal und versteckte sich hinter der Eisentür – Orschew lag auf nassen Laken und hatte Fieberphantasien. Er machte Jagd auf irgendeinen General, zechte mit aufgedunsenen stinkenden schwarzen Leichen auf einem weißen Gipfel, wurde federleicht und hatte Angst vor dem Wind, dann wieder wurde er schwer wie ein Granitmonument und versank bis zu den Knien in der Erde; manchmal sah er seine Lungen – durchsichtige Beutel, prall gefüllt mit Würmern; er lief in sein Haus und warf eine Handgranate in die Torte auf dem festlich gedeckten Tisch, stürmte wieder hinaus und stemmte sich gegen die Tür. Freunde, Eltern und Kinder kreischten und hämmerten dagegen, aber er ließ sie nicht heraus, und die Handgranate detonierte; oder er rannte im Garten splitternackt einer flinken Alten hinterher, irgendwer half ihm, sie zu fassen, und gemeinsam, brüllend und einander beißend, warfen sie sich über die Alte …

Orschew phantasierte in einem stickigen überfüllten Zimmer der Sanitätsstelle, während zur gleichen Zeit der letzte Schub der in die Reserve entlassenen Soldaten nach Kabul geflogen wurde. Die Soldaten, mit denen er die letzten zwei Jahre Seite an Seite gelebt hatte, waren auf dem Heimweg. Sie hatten gemeinsam in die Sowjetunion zurückkehren wollen. Zwei Jahre lang war die

Heimkehr ihr Lieblingsthema gewesen. Wenn sie nachts Posten standen, wenn sie von einem Gefecht zurück waren oder hinter dem Badehaus am Lagerfeuer saßen, wo sie abends gewöhnlich Kartoffeln brieten, Tee tranken und Haschisch rauchten, malten sie sich des langen und breiten aus, wie sie medaillenklirrend in Taschkent die Gangway hinabsteigen, sich mit Kognak eindecken und in den Zug klettern, wie sie dann trinken, lachen und in Erinnerungen schwelgen, während sich die verschreckten Zivilisten in die Ecken drücken und mit offenem Mund dem Gelächter und den Erinnerungen der kühnen braungebrannten sehnigen Männer lauschen.

Aber nun war es so gekommen.

Beim letzten Einsatz – drei Wochen lang hatte das Bataillon zusammen mit Regierungstruppen die Urganer Schlucht belagert – waren die Soldaten nach einem routinemäßigen Ausfall in die Berge baden gegangen. Der Fluß war reißend, durchsichtig und kalt; die schmutzigen, verschwitzten Soldaten stiegen hinein, legten sich ins Wasser und ließen sich stromab treiben, sprangen wieder heraus und streckten sich im heißen weißen Sand aus, die abgekühlten Körper erhitzten sich im Nu, und die Soldaten wateten wieder in den Fluß. Orschew blieb am längsten im Wasser – ein blöder Einfall: so viel Kälte und Feuchtigkeit zu tanken, daß er bis zum Abend weder Hitze noch Durst verspürte. Mitten im Fluß stieß er auf einen aus dem Wasser ragenden Findling, klammerte sich daran fest und streckte sich lang. Das Wasser wiegte ihn auf und ab. Am Himmel stand eine kleine glutheiße Sonne, flußauf zogen sich spärlich mit Zedern bewachsene Gebirgskuppen hin. Am linken Ufer war ein Streifen von feinem weißem Sand, darauf lagen dunkle muskulöse Körper; die Soldaten unterhielten sich, lachten, rauchten und dachten nicht daran, daß sie am Morgen wieder in die Berge klettern mußten. Es war schön.

Doch gegen Abend wurde Orschew schwerkrank. Er hatte Lungenentzündung, das Fieber stieg auf zweiundvierzig.

Orschews Kameraden waren längst zu Hause, als er, abgemagert und gelbhäutig, aus der Sanitätsstelle entlassen wurde. In seiner Kompanie waren die begehrten unteren Betten seiner Freunde und sein eigenes Bett von den »Opas« belegt, die jetzt das Wort führten. Orschew ging ins Offiziersquartier und traf den Kompaniechef an. Der unterhielt sich freundlich mit ihm, erlaubte ihm zu rauchen, goß ihm Tee ein und holte Weißbrot und Zucker. Er sagte, in den nächsten Tagen müßten Hubschrauber neue Soldaten bringen, und dann könne Orschew nach Kabul fliegen. Aber was hieß »in den nächsten Tagen«? Das konnte morgen oder übermorgen sein, in einer Woche oder in einem halben Monat. Morgen früh jedoch werde eine Kolonne nach Kabul aufbrechen, um Lebensmittel zu holen. »Mit dem Auto nach Kabul zu fahren ist natürlich riskant, das weißt du selber, Orschew. Aber dafür ist es schon morgen früh, das steht fest. Dann bist du gegen Abend in Kabul, und wenn du Glück hast, am Tag darauf in der Heimat. Ich will dir nicht zureden, entscheide selber.« Orschew war einverstanden. Der Kommandeur händigte ihm lächelnd die Dokumente aus. »Herzlichen Glückwunsch, für dich ist der Krieg zu Ende.«

Orschew schlenderte durch die Zeltstadt, die in stählernes Sonnenlicht getaucht war, blieb an ihrem Ende stehen, steckte sich eine Zigarette an und blickte in die leere, stumme endlose Steppe. Er mußte ins Badehaus gehen. Aber es war heiß, außerdem hatte die Krankheit seinen kräftigen Körper geschwächt, und Orschew fühlte sich matt und schlapp. Aber es mußte sein. Er gab sich einen Ruck und ging zum Badehaus des Bataillons.

Auf der Vortreppe des Lehmhäuschens saß der dicke Bademeister mit einem Buch. Orschew grüßte und fragte, ob es Wasser gebe. »Für dich wird sich welches finden«, antwortete der Bademeister. Orschew setzte sich erschöpft neben ihn und bekannte, daß er keine Lust habe, sich zu waschen. »Deine Augen sehen krank aus, die haben dich offenbar zu früh entlassen«, sagte der Bademeister und klappte das Buch zu. »Wann fliegst du?« Orschew antwortete, daß er am nächsten Tag mit der Kolonne fahre. Der Bademeister runzelte unzufrieden die Stirn. »Das würd ich nicht machen, und wenn ich einen Monat auf den Hubschrauber warten müßte; bleib noch und warte, schlafen kannst du bei mir, morgen krieg ich neuen Stoff, dann paffen wir, na, wie ist's?« Orschew schüttelte den Kopf. Er hatte alles satt, auch Haschisch, alles.

Er wusch sich schlecht und recht mit warmem Wasser, trocknete sich ab, und bevor er sich anzog, untersuchte er sorgsam die Nähte der frischen Unterwäsche – häufig waren die neuen Sachen aus der Kleiderkammer schon verlaust. Während er im Badehaus herumwirtschaftete, hatte der Bademeister hinterm Haus ein Feuerchen gemacht, Wasser aufgesetzt und Tee gebrüht.

Sie saßen auf der Vortreppe, schlürften Tee, knabberten Hartbrot und Zucker und blickten auf die Regimentssiedlung. Zelte, Postenhäuschen für die Wachhabenden, Latrinen, Müllkästen, Kantinen, der Stab, der Laden, die Offiziersquartiere, der Appellplatz, die Vorratslager – alles war grau von Staub und Sonne.

Orschew blieb bis zum Abend bei dem Bademeister sitzen, der hätte ihn gern dabehalten, er selber schlief im Vorraum des Badehauses, aber Orschew wollte die letzte Nacht im Zelt verbringen, immerhin war es zwei Jahre lang sein Zuhause gewesen.

In der Dämmerung kehrte Orschew ins Zelt zurück

und legte sich in Sachen auf sein Bett. Die Kompanie war beim Abendappell, im Zelt war es still. Orschew betrachtete die Sprungfedern des oberen Bettes und horchte mißmutig in sich hinein. Irgendwas stimmte nicht, er war wohl doch noch nicht gesund. Oder war es die übliche Schwäche nach einer Krankheit? Er schlummerte ein.

Ihn weckte eine Berührung an der Schulter. Er schlug die Augen auf und erblickte einen fremden jungen Soldaten. Der lächelte verlegen. Orschew hob fragend die Brauen: Was ist? »Mich schickt der ›Opa‹ der Sowjetarmee Chmysin«, murmelte der junge Soldat. Orschew schwieg. »Er läßt sagen«, fuhr der junge Soldat vorsichtig fort, »das hier ist sein Platz.« Orschew stützte sich auf einen Ellbogen und blickte sich um. Im Zelt waren weder »Opas« noch Chmysin, nur Junge – »Zeisige« und »Keulen«. »Warum sagt er mir das nicht selber, wenn er so mutig ist?« fragte Orschew spöttisch. »Soll ich ihm das ausrichten?« erkundigte sich der junge Soldat. »Verschwinde«, gab Orschew gutmütig zurück. Der Soldat ging sofort. Aber gleich darauf kam er zurück und sagte, Chmysin warne Orschew, wenn sie aufgeraucht hätten, müsse der Platz geräumt sein. Orschew antwortete nicht. Wenn sie aufgeraucht haben – also sind sie alle zusammen, die Schakale, dachte er. Der junge Soldat wartete auf Antwort, wagte aber nicht, sich in Erinnerung zu bringen. Orschew lag mit geschlossenen Augen da. Schließlich kamen die »Opas« ins Zelt. Chmysin, ein stämmiger, breitschultriger Bursche, blickte sich nach seinen Kameraden um, ging entschlossen auf Orschews Bett zu und sagte laut: »Orschew, räum den Platz.« Orschew machte die Augen auf und starrte Chmysin an. Der sah zu seinen Kameraden und stieß mit dem Fuß gegen das eiserne Bettgestell. »Orschew!« Da stand Orschew mit einem Ruck auf, schob den verschreckten jungen Soldaten beiseite und ging auf Chmysin zu. Chmysins Kameraden belebten sich. »Halt, Schakale!« rief Orschew und hob gebieterisch die Hand. »Chmysin«, sagte er, »du willst dir Bewegung machen. Einverstanden. Aber bist du ein Mann? Dann steh allein für dich ein. Ich halt's immer so.« – »Das ist gerecht«, sagte schließlich einer von den »Opas«. »Aber er hat uns Schakale genannt«, warf unsicher ein anderer ein. Er bekam keine Antwort. Wenn sie auch einen Rochus auf die ehemaligen »Opas« hatten – auf Orschew und seine Kameraden –, mochten sie sich doch auf keine Auseinandersetzung mit Orschew einlassen. Erstens waren die bösartigsten ehemaligen »Opas«, die einen Denkzettel verdient hätten, längst zu Hause, und warum sollte Orschew die Zeche für alle bezahlen? Zweitens war es ganz natürlich, daß sie einen Rochus auf die ehemaligen »Opas« hatten, so war es nun mal – gestern wurden sie drangsaliert, heute drangsalierten sie selber. Drittens könnte das Verprügeln eines Heimkehrers, also eines Soldaten, der mit allen Wassern gewaschen war, einen schlechten Einfluß auf die jungen Soldaten haben, die sich jetzt den Altgedienten unterordneten – klugen, starken und mutigen Göttern. Auch war Orschew gar nicht so ein Ekel, er hatte ihnen zwar manchmal eine gelangt und sich bedienen lassen, aber er war nicht gierig und nicht nachtragend gewesen und hatte sich auch keine raffinierten Verhöhnungen der Jungen, der »Zeisige« und »Keulen«, ausgedacht. Sie verziehen ihm jetzt die »Schakale« und fanden es richtig, daß Mann gegen Mann kämpfte. Die »Opas« jagten die anderen aus dem Zelt, räumten die Hocker weg, verteilten sich auf die Ekken und hefteten den Blick auf Chmysin und Orschew. Orschew trug kein Koppel, und einer sagte zu Chmysin, er solle auch das Koppel abschnallen. Er tat es. Es wurde still. Und unbehaglich. »Los, Chmysin, gib's ihm!« rief irgendwer, und Chmysin trat mit geballten Fäusten und gesenktem Kopf auf Orschew zu.

Sie standen sich gegenüber. Orschews Blick ablenkend, ruckte Chmysin mit der linken Schulter, schlug mit der rechten Faust zu und traf Orschew an der Schläfe. Orschew wankte und wurde blaß. Da boxte ihn Chmysin in den Bauch, aber Orschew konnte sich dekken. Chmysin stieß einen Kampfschrei aus und schlug mit der Handkante der Rechten zu, Orschew wehrte auch diesen Hieb ab. Während er sich verteidigte, erholte er sich von dem Schlag gegen die Schläfe. Chmysin griff pausenlos an. Er hatte jetzt Oberwasser, von seiner Scheu, sich mit einem ehemaligen »Opa« zu prügeln, dem er früher nie in die Augen zu blicken wagte, war nicht die Spur mehr übrig. Als er Orschew in der Defensive sah, kam er in Fahrt, schrie kämpferisch und versuchte den Gegner mit Schlägen einzudecken. Er geriet immer mehr in Rage und wurde unvorsichtig, so daß er – wie jeder der Anwesenden – nicht schlecht staunte, als er plötzlich am Boden lag. Er sprang auf, schüttelte den Kopf und verspritzte rote Tropfen. Orschew rammte ihm links den Ellbogen gegen das Jochbein und verpaßte ihm rechts einen Faustschlag auf die Wange. Chmysin brüllte auf, zog den Kopf ein, schützte ihn mit den Händen und wich zurück. Orschew attackierte ihn und landete genaue schwere Haken gegen Kopf, Rücken und Leber. Alle sahen schweigend zu. Plötzlich hielt Chmysin inne, heulte auf, reckte sich und stürzte sich auf Orschew, um die Prügelei in einen Kampf zu verwandeln, aber Orschew sprang geschickt beiseite und boxte Chmysin auf die Nase. Der hatte schon eine gespaltene Lippe, und nun blutete auch noch die Nase. Wie von Sinnen warf er sich wieder auf den Gegner und schaffte es diesmal, Orschews Deckung zu durchbrechen, ihn zu packen und zu Boden zu reißen. Er saß auf

Orschew, krallte sich in dessen Haare und schlug dessen Kopf immer wieder gegen den Boden. Orschew liefen vor Schmerzen Tränen übers Gesicht, er boxte Chmysin in die Seiten, um sich aus der Umklammerung zu befreien. Alle sahen schweigend zu. Schließlich gelang es Orschew, über und über mit Chmysins Blut beschmiert, den Gegner an der Gurgel zu packen. Chmysin krächzte und biß Orschew in die Hand. Der griff mit der freien Hand nach Chmysins Ohr und versuchte es herauszureißen. Chmysin schrie auf und ließ Orschews Haare los, doch Orschew drehte weiter an seinem Ohr, so daß Chmysin von ihm ablassen mußte. Keuchend stellte sich Orschew auf alle viere. Chmysin ebenfalls. Langsam erhoben sie sich, ohne einander aus den Augen zu lassen. »Reicht's dir?« fragte Orschew und lehnte sich an das Bett. »Nein, dir, dir reicht's«, antwortete Chmysin, wobei er Blut spuckte und sich mit dem Ärmel die Nase wischte. Orschew stieß sich vom Bett ab, holte aus und schlug Chmysin mit dem Handrücken gegen den Hals. Chmysin zog wieder den Kopf ein. Orschew stand da und wartete. Chmysin schien sich hinsetzen zu wollen. »Schluß«, sagte Orschew, aber da schnellte Chmysin blitzschnell vor und rammte ihm die Stirn ins Gesicht. Orschew prallte gegen das Bett und drückte die glucksende Nase zu. Jetzt hatten sie beide eine zerschlagene Nase. Mit einer Hand die blutende Nase zuhaltend, stand Orschew an das Bett gelehnt, beobachtete Chmysin mit trüben Augen und hielt die rechte Hand in Bereitschaft – noch ein Schlag, und er würde umfallen. Aber Chmysin hatte keine Kraft mehr, anzugreifen, er war schweißüberströmt, wischte sich das Blut ab, atmete stoßweise und schwankte auf zitternden Beinen.

»Das wär's wohl«, sagte jemand laut. Orschew und Chmysin schwiegen. »Geht euch waschen«, wurde ihnen geraten. Sie schleppten sich hinaus. Draußen gossen die jungen Soldaten ihnen aus Kochgeschirren Wasser über die Hände.

Orschew kehrte als erster ins Zelt zurück, zerrte sich die zerfetzte, blutverschmierte Kleidung herunter und ließ sich, ohne die Decke abzunehmen, auf das Bett fallen.

Chmysin kam ins Zelt. Er näherte sich dem umstrittenen Bett und sagte heiser: »Orschew, räum den Platz.« Im Zelt wurde es still. »Das ist mein Bett«, antwortete Orschew nach einer Pause. »Steig nach oben, dort ist was frei. Ich schlaf nicht mehr oben. Anderthalb Jahre, das reicht«, antwortete Chmysin hartnäckig. »Geh zum Teufel«, sagte Orschew. »Du Null, steig nach oben«, zischte Chmysin. Orschew setzte sich auf. »Steig nach oben«, wiederholte Chmysin. Orschew erhob sich und versetzte Chmysin einen schwachen Schlag gegen die Brust. Chmysin taumelte zwei Schritte zurück, stieß gegen einen Hocker und packte ihn an einem Bein. »Chmysin!« rief ihm jemand zu. Er achtete nicht darauf, machte eine halbe Drehung, um besser ausholen und zuschlagen zu können, aber Orschew wartete den Schlag nicht ab – er klammerte sich an die Kante des oberen Bettes und trat mit den Beinen nach Chmysin. Der flog polternd zur Seite, stürzte zwischen den Betten zu Boden und gab keinen Ton mehr von sich. Orschew plumpste auf das erkämpfte Bett. »Du hast ihn umgebracht«, sagten sie.

Der Diensthabende weckte Orschew um fünf, um sechs sollte die Kolonne abfahren. »Was ist mit dem da?« fragte Orschew gähnend. »Er schläft«, antwortete der Diensthabende. Ächzend und das Gesicht verziehend, stand Orschew auf und ging in Unterhemd und Turnhosen hinaus.

Es war warm, die Vögel zwitscherten, überm Steppenrand hing die runde rote Sonne.

Der Diensthabende schöpfte mit dem Kochgeschirr Wasser aus einem Faß und goß es Orschew über die Hände. Orschew wusch sich vorsichtig das schmerzende Gesicht, nickte dem Diensthabenden zu, tupfte das Gesicht behutsam mit dem Handtuch trocken und ging ins Zelt zurück. Überm Kopfende des Bettes hing die Ausgehuniform, der Diensthabende hatte sie, bevor er Orschew weckte, aus der Kleiderkammer geholt. Orschew zog sich an, nahm Aktenmappe und Mütze, trat in die Mitte des Zeltes und blickte sich um. Er sah Chmysin. Der schlief, die Arme ausgebreitet und den Mund weit geöffnet; sein Gesicht war voller blauer Flecke, rund um die Nase klebte getrocknetes Blut, die Unterlippe war von einer schrundigen schwarzen Schramme durchschnitten. Orschews Mund zuckte in einem schwachen zufriedenen Lächeln, er winkte dem schlafenden Chmysin mit der Mütze zu und verließ das Zelt.

Der Chef der Kolonne warf einen Blick auf Orschews geschwollenes Gesicht, grinste und sagte: »Du hast wohl mächtig einen draufgemacht?« Orschew antwortete, er habe überhaupt keinen draufgemacht, sondern in der Sanitätsstelle zu lange geschlafen. »Na klar«, gab der Hauptmann zurück, »zwei Liter wirst du wohl eingepfiffen haben, du Held. Na, wo möchtest du sitzen? Im Laster? Im Schützenpanzerwagen? Du kannst dir's aussuchen.«

Orschew ging die Kolonne entlang, blieb neben einem Laster stehen und fragte den Fahrer: »Nimmst du mich mit?« – »Steig ein«, antwortete der. In der Kabine zog Orschew die Uniformjacke aus, hängte sie an einen Haken, bat um Wasser und trank aus der Aluminiumfeldflasche, lehnte sich dann zurück und steckte sich eine Zigarette an.

Zehn Minuten später fuhr die Kolonne los; an der Spitze, am Ende und in der Mitte fuhren als Geleitschutz Schützenpanzerwagen mit Infanterie. Langsam rollte die Kolonne an den Kontrollposten vorbei. Als Orschews Laster das Steinhäuschen des Kontrollpostens passierte, sagte Orschew im stillen: Amen!

Die Kolonne gewann an Tempo und fuhr staubaufwirbelnd, schwankend und dröhnend über die Steppenstraße. Die Sonne schien von der Seite, ihre Strahlen versanken im Staub, der die Autos einhüllte. Der Staub drang ins Fahrerhaus, blieb an Augen und Lippen kleben, kitzelte in der Nase, setzte sich in den Haaren fest. Trotzdem rauchte der Fahrer ungerührt, das feuchte Mundstück der Zigarette war schon dreckig. Orschew wippte auf dem federnden Sitz und blickte auf die verschwommenen Umrisse der Plane des Lasters vor ihnen. Der Fahrer war Gott sei Dank wortkarg, er wollte nur wissen, warum Orschew so lange im Regiment geblieben sei, und sagte, in einem halben Jahr fahre er auch nach Hause, das was alles. Orschew war es zufrieden. Nach zwei Jahren hatte er genug von diesen Armeegesprächen: über die Heimkehr, über Weiber, über Auszeichnungen und Abzeichen und über schmackhaften Fraß. Außerdem brummte ihm nach der Prügelei der Schädel, als hätte er die ganze Nacht selbstgebrautes Bier getrunken oder Haschisch geraucht.

Manchmal geriet der Laster mit einem Rad in einen Trichter, dann wurden der Fahrer und Orschew von den Sitzen hochgeschleudert. Vom Regiment bis zur Betontrasse waren es zwanzig Kilometer, in diesem Abschnitt legten die Rebellen gern Minen, und die Straße glich einer Mondlandschaft. Übrigens flogen auch auf der Trasse Autos in die Luft. Aber dort war wenigstens kein Staub. Wenn wir bloß bald auf der Betonstraße wären, dachte Orschew.

Eine halbe Stunde fuhr die Kolonne in Staubwolken auf der Steppenstraße, erreichte dann die Trasse und rollte geradewegs nach Norden. Orschew zog sein Taschentuch hervor und wischte sich das Gesicht ab, griff nach der Feldflasche, spülte den Mund aus und trank sich satt. Der Fahrer steckte sich eine Zigarette an und sagte vergnügt: »In einem halben Jahr bin ich hier weg.« Orschew überlegte: Sechs Monate, das sind vierundzwanzig Wochen, hundertachtzig Tage, und Schwermut preßte ihm die Kiefer zusammen.

Ringsum war Steppe, in der Ferne ragten kleine blaugraue Erhebungen und Berge auf. Hin und wieder leuchteten grüne Kischlaks in der leblosen Steppe. Manchmal lagen sie direkt an der Trasse. Es waren düstere Ansammlungen von Lehmbehausungen, von hohen Mauern umgeben; Häuser, Wände und Holztore, alles war grau und grob. Menschen – Männer mit Turbanen, in langen Umhängen und Pumphosen, Frauen in dunklen Gewändern – belebten nur selten und zaghaft die sonnigen Gassen und engen Plätze. Hinter den Lehmmauern jedoch prangten fruchtbare Gärten, frische, grüne Gärten.

Die Kolonne bewegte sich zügig vorwärts. Berge rückten heran, wurden immer wuchtiger, stemmten sich in den Himmel und färbten sich rötlich, das Tal verengte sich. Bald fuhr die Kolonne zwischen rötlichen und braunen Bergen. Die Straße wand sich in Serpentinen den Paß hinauf.

Orschew warf die Kippe aus dem Fenster und steckte sich eine neue Zigarette an; er blickte mürrisch auf die Berge, die sich zu beiden Seiten auftürmten. Der Fahrer saß mit gerunzelten Brauen vorgebeugt am Lenkrad und pfiffelte kaum hörbar ein monotones Motiv. Orschew warf einen schrägen Blick zum Himmel und sagte: »Gib mir die MPi.« Der Fahrer schüttelte den Kopf. Orschew lächelte schief und sagte zu seiner Rechtfertigung, ohne MPi komme er sich vor wie ohne Hände, er sei noch nie ohne MPi gefahren. Mit einer Hand das Lenkrad festhaltend, langte der Fahrer mit der anderen nach einem Beutel mit Handgranaten und hielt ihn Orschew hin. Nach kurzem Zögern gab er Orschew noch einen zweiten Beutel. Jetzt hatte Orschew vier Handgranaten. Er atmete erleichtert auf.

Die Kolonne fuhr die steinige, von Trichtern zerklüftete Straße bergauf. Über den Fahrzeugen hingen Felsen, die unten brandgeschwärzt waren – rechts gähnte eine nicht sehr tiefe Schlucht, auf deren Grund verkohlte LKW-Pritschen, Räder, Eisenstücke und Gummifetzen lagen. Die vorderen Fahrzeuge erklommen schon den Gebirgssattel. Die Motoren heulten, über der Straße schwebten schwarze Rauchschwaden, auf den grauen Felsen lag blauer Himmel. Orschew hielt den Beutel auf den Knien fest und rauchte, während der Fahrer immer lauter und lauter seine simple Melodie pfiff. Plötzlich blieben vorn die Fahrzeuge eines nach dem anderen stehen. Auch Orschews Fahrer bremste. »Da ist irgendein Jeep kaputtgegangen«, vermutete der Fahrer und pfiff wieder. Orschew nahm einen Schluck aus der Flasche, das Wasser war schon warm. Der Fahrer pfiff und trommelte mit den Fingern aufs Lenkrad.

Eine Minute verging. Die Kolonne stand, die Motoren brummten gedämpft. Der Fahrer pfiff und trommelte. Orschew blickte hinunter auf die schwarzen Trümmer und Fetzen. Es war heiß, das Atmen machte Mühe, übers Gesicht rannen dunkelbraune Tropfen. Was war da vorn bloß passiert? Ob bei einem Schützenpanzerwagen das Kühlwasser kochte? Das kam an heißen Sommertagen häufig vor. Oder bei einem Laster war der Motor verröchelt.

»Chef, leg eine andre Platte auf«, bat Orschew. Der Fahrer hörte auf zu pfeifen und zu trommeln, er schloß die Augen, lehnte sich zurück und begann gleichmäßig und tief zu atmen, als sei er eingedöst. Orschew griente. Ich hätte auf den Hubschrauber warten sollen, dachte er, und überhaupt muß mich der Teufel geritten haben, in den Fluß zu steigen, ich könnte jetzt zu Hause sein, hätte ein weißes Hemd an …

Die Motoren heulten auf, der Fahrer öffnete die Augen und pfiff wieder. Die Kolonne fuhr an. Also, wenn bis jetzt nichts passiert ist, passiert auch nichts mehr, dachte Orschew und berichtigte sich: auf diesem Paß.

Die Kolonne hatte den Paß überquert und kroch bergab. Die Berge traten ein wenig von der Straße zurück. Die Sonne stand im Zenit, die Steinplatten der Berge glänzten, als wären sie aus Glas, der Himmel blendete die Augen. Der Fahrer setzte eine Brille mit tropfenförmigen Spiegelgläsern auf und bekam ein rätselhaftes Aussehen wie ein sizilianischer Mafioso. Die steinernen Gipfel funkelten, die Findlinge am Straßenrand glitzerten, die Motorhaube war glühend heiß. Orschew blinzelte und blinzelte und schlief ein.

»Jetzt sitzen wir in der Patsche«, sagte jemand laut. Orschew zuckte zusammen und sah den Fahrer an. Der fing seinen Blick auf und wies mit einer Kopfbewegung nach links. Die Kolonne umfuhr einige Militärwagen mit afghanischen Emblemen an den Türen und einen rotweißen Linienbus, der umgekippt im Straßengraben lag, den kaputten Boden der Straße zugekehrt. Um den Bus drängten sich Zivilpersonen und Militärs. Tote und Verwundete waren nicht zu sehen, wahrscheinlich hatte man sie in die Militärwagen gebracht. Ein magerer bärtiger Soldat, der an Don Quichote erinnerte, goß einem Kameraden aus der Feldflasche Wasser auf die roten Hände. Die Pumphosen und Umhänge der Zivilisten waren zerfetzt und mit Öl und Blut verschmiert. Etwas weiter weg saß, das Gesicht gegen die Knie gepreßt, ein knochiger alter Mann und wiegte sich hin und her. Abseits von allen stand auch ein Häuflein verschleierter Frauen. Zwei barfüßige Bürschlein, die eine Weile die Kolonne angegafft und dann das Interesse an ihr verloren hatten, wollten nun den Boden des Busses untersuchen, sie steckten den Kopf in das Loch, und ein grauhaariger Offizier brüllte sie an. Die Afghanen betrachteten die Kolonne.

Der Laster, in dem Orschew saß, fuhr ein Stück neben der Betonstraße her und kehrte dann auf sie zurück. Der Fahrer begann wieder zu pfeifen. Orschew blickte auf die Uhr und fragte: »Hör mal, haltet ihr zum Essen oder eßt ihr im Fahren?« – »Wir halten. Bald kommt der Fluß, dort essen wir.« – »Hm. Ich hab nämlich seit gestern nichts im Magen.« – »Na, dann hau doch rein! Oder hast du nichts mit?« – »Doch, aber allein hab ich keine Lust.« – »Ach was, iß nur.« – »Nein, dann wart ich lieber.«

Orschew nickte wieder ein und wachte erst auf, als die Kolonne vor einer Brücke hielt. Zwei Pioniere mit einem Schäferhund passierten bereits die Brücke, die übrigen Soldaten rauchten, vertraten sich die Beine, zogen die verschwitzten, steifen Jacken aus und stiegen zum Fluß hinunter, um sich zu waschen; auch Orschew und sein Fahrer gingen zum Fluß. Erfrischt kletterten sie wieder ins Auto, ließen die Türen offen und packten ihren Proviant aus: Schwarzbrot, Zucker, zwei Büchsen geschmortes Hammelfleisch und zwei Büchsen Käse. Sie aßen schweigend. Zuerst aßen sie Hammelfleisch mit Schwarzbrot, dann Zucker und Käse. Sie tranken ausgiebig Wasser, steckten sich eine Zigarette an und sahen weit in der Steppe eine Karawane – eine Reihe Kamele, nebenherschreitende Menschen und weiße Schafe. »Ach, Nomaden«, sagte der Fahrer träge und gähnte. »Ihnen ist es schnuppe, ob Krieg ist, sie ziehen umher.« – »Zigeuner«, erwiderte Orschew. »Wir hatten bei uns mal einen Zigeuner«, sagte der Fahrer lebhaft. »Ein ganz normaler Zigeuner: schwarzhaarig, große Augen, geschäftstüchtig. Einmal sind wir nach Kabul gefahren. Auf dem Paß haben sie uns Zunder gegeben. Seitdem war der Zigeuner krank. Er kam in die Sanitätsstelle, dann nach Kabul und von dort nach Hause, wir haben ihn nie mehr gesehen.« – »Was hatte er denn?« – »Was mit der Leber. Oder dem Magen. Er soll Tabak gefressen haben. Auch eine Idee – einen Zigeuner zur Armee einzuziehen.« – »Warum denn nicht, ist er was Besonderes?« – »Natürlich. Ein Zigeuner bleibt auch in Afrika Zigeuner, er braucht eine Peitsche, ein Pferd und Wind. Aber hier kriegt er was mit der Peitsche. Ich mag sie.« – »Wen?« fragte Orschew begriffsstutzig. »Na, die Zigeuner. Die pfeifen auf alles. Ein Pferd, eine Peitsche und Wind. Aber wir sind Esel.« Der Fahrer blickte wehmütig in die Steppe, wo sich am Fuß der kahlen Berge die winzigen Kamele und die schmalen Silhouetten der Menschen bewegten und freundlich das weiße Fell der Schafe leuchtete.

Kabul wurde von einer klebrigen, heißen Abendsonne beschienen, die aufgedunsen und verdüstert auf den Schneegipfeln saß. Die Stadt lag in einem Tal zwischen Bergen – eine große, aus Lehm, Stein, Glas und Beton gebaute Stadt; überall blühten Gärten und ragten Pappeln; zwischen den Gärten, dem Gefunkel der Fenster und dem Weiß der Mauern leuchteten die blauen Kuppeln der Moscheen, erhoben sich gelbe Minarette.

Die Kolonne machte am Stadtrand halt, hier war ein umzäunter Platz. Orschew zog die Jacke an, setzte die Mütze auf, nahm die Aktentasche und drehte sich dem Fahrer zu. Der hatte die schweren Hände auf dem Lenkrad liegen und blickte Orschew an. »Also dann«, sagte

Orschew und verstummte. »Bis zum Wiedersehen in der Heimat?« Er streckte dem Fahrer die Hand hin. Der Fahrer drückte sie lasch und antwortete, daß sie sich wohl kaum wiedersehen würden, denn die Sowjetunion sei groß. »Ein halbes Jahr ist schnell um«, sagte Orschew und stieg aus.

Er suchte den Hauptmann auf und bat ihn, ihn zum Durchgangslager bringen zu lassen. »Weißt du, der Fahrer ist fix und fertig, gleich morgen früh«, sagte der Hauptmann aufgeräumt. »Warum hast du's so eilig? Maschinen fliegen heute nicht mehr, im Durchgangslager gibt's bloß Läuse, übernachte bei uns. Ich werde dir zur Nacht das Märchen vom weißen Stier erzählen. Was, du willst nicht?« Der Hauptmann lachte schallend. Orschew blickte ihn finster an und schwieg. Da brummte über Kabul ein Flugzeug. Der Hauptmann, die Infanteristen und Orschew blickten nach oben. Am Himmel schwebte, immer höher aufsteigend, ein weißes Flugzeug mit rotem Streifen vom Cockpit bis zum Heck. »Oh! Siehst du, dein Flugzeug!« rief der Hauptmann lachend. »Das ist keins von uns«, entgegnete ein Infanterist, »unsre sind weiß-blau.« – »Es gibt eine neue Verordnung, wonach unsre einen roten Streifen haben, was, ihr habt noch nicht davon gehört? Aber Leute, ihr bleibt hinter dem Leben zurück«, sagte der Hauptmann. Die Infanteristen wunderten sich: Stimmt das? »Na klar. Hört zu. Ist unsre Fahne rot? Und das Pionierhalstuch? Und das Soldbuch? Na? Warum sollen dann die Flugzeuge weiß-blau sein? Sie fliegen doch auch ins Ausland – und das ohne ideologischen Anstrich? Wie ist das möglich? Ist das ein Versehen oder eine Provokation?« Der Hauptmann blickte Orschew an. »Oh! Oh! Der Heimkehrer reißt mich gleich in Stücke. Hahaha!« – »Genosse Hauptmann«, sagte Orschew und verstummte. »Gib zu, wenn ich keine Schulterstücke hätte, dann hättest du mir jetzt eine reingehauen, nicht wahr? Hahaha! Sag ehrlich. Hättest du doch?« fragte der Hauptmann. Die Infanteristen und der Fahrer eines Schützenpanzerwagens knurrten unzufrieden: »Genosse Hauptmann, das geht doch nicht, wirklich, man muß den Mann hinbringen.« – »Er hätte mir eine reingehauen, und wie«, sagte der Hauptmann. »Ich seh's an seinen Augen. Unser Held hat wohl viele Muselmänner ins Jenseits befördert? Na, schon gut, schon gut, ich mach bloß Spaß. Reg dich ab. Wir bringen dich hin. Liefern dich heil und unversehrt ab. Holt den Fähnrich!«

Orschew, vier Infanteristen und der Fähnrich setzten sich auf einen Schützenpanzerwagen und fuhren auf die Straße hinaus. Orschew guckte sich nach dem Lastwagen des schweigsamen Fahrers um und winkte dem Fahrer zu. Der saß immer noch im Auto und rauchte. »Du solltest nach unten klettern«, riet der Fähnrich Orschew, »fordere das Schicksal nicht heraus, hier gibt's Scharfschützen!« Orschew schüttelte den Kopf. »Wie du willst«, sagte der Fähnrich und sah den gutgebauten Orschew freundlich an.

Der grüne Schützenpanzerwagen sauste leicht schwankend die breite Magistrale entlang, die mit Pappeln und Zedern bepflanzt war. Auf der Straße fuhren Personenwagen, Busse, Lastwagen und Fahrräder. An den Straßenrändern drängten sich Karatschiwalen – abgerissene Menschen mit zweirädrigen hölzernen Handkarren, die mit Säcken, Ballen und Brennholz beladen waren, die Gütertaxis für die Armen. Auf den Bürgersteigen gingen Menschen: alte Männer, deren weiße Bärte auf europäische schwarze Jacketts fielen, Offiziere und Soldaten mit MPis, lockenköpfige Jünglinge in bunten Hemden, Jeans oder weißen Hosen, barfüßige schmuddlige Kinder, Frauen mit Schleier und hellgesichtige schwarzhaarige Mädchen in kurzen Jeansröcken und luftigen Blusen. Überall waren Läden, leuchteten Schaufenster und Restaurantschilder, an den Straßen wurde Schaschlyk gebraten, herrenlose Hunde kläfften, Kinder zwitscherten, Motoren dröhnten, Bremsen quietschten, der Abendwind bewegte das Laub der Pappeln und Platanen, und hoch über der Stadt glühten die Gipfel, hinter denen die Sonne untergegangen war.

Das Durchgangslager, eine von Stacheldraht umgebene Zeltsiedlung, befand sich am anderen Ende der Stadt, nicht weit vom Flugplatz. Der Abend war noch durchsichtig klar, als der Schützenpanzerwagen vorm Lagertor hielt. Orschew verabschiedete sich von den Infanteristen und dem Fähnrich und sprang auf die Erde. Vor dem Tor erschien der Wachposten.

Orschew schlief nicht, er lag, die Aktentasche unterm Kopf, auf dem kahlen Bett, rauchte und blickte zur Decke. Die Rekruten – das Lager war voll von ihnen – schnauften und schnarchten einträchtig. Orschew fühlte sich unwohl, der Kopf tat ihm weh, die Bißwunde an der Hand schmerzte, und er schien Fieber zu haben. Eben doch nicht gesund, dachte er. Er rauchte und blickte immer wieder auf das leuchtende Zifferblatt der Uhr – die Zeit verging nicht.

Um ein Uhr nachts ertönte in der Stille ein Knall, dann ein Heulen und eine Detonation. Einen Moment später krachte es wieder, schon näher, über die Zelte pfiffen Splitter. Die Lagerwache eröffnete das Feuer aus MPis und einem überschweren MG. Die Rekruten sprangen auf und schrien durcheinander: »Was ist los? Alarm? Was ist los?« Sie beugten sich aus dem Zelt und sahen schwarze Berge und rote Leuchtspurgarben. »Wir liegen unter Beschuß!« schrien sie, als die dritte Wurfgranate ganz in der Nähe hinterm Stacheldraht einschlug. Orschew blieb liegen, rauchte und dachte, daß es so kommen mußte, er hatte geahnt, daß es so kommen würde – ganz zum Schluß.

»Sind das Granaten?« fragten sie ihn. Orschew bejahte. Die Rekruten drängten zur Tür, blickten aus den Fenstern. Orschew sah plötzlich alles ganz deutlich: Da sind sie, schwarzgekleidet, einer läßt eine Granate mit Metallfedern am Ende in den Werferlauf fallen, springt zurück, der Granatwerfer spuckt die Granate aus – sanft pfeifend saust sie durch die Nacht und durchschlägt das Zeltdach. Orschew hört und sieht, wie die Rekruten nach draußen rennen und drängen, wie sie nach Luft schnappen, schnaufen und winseln, sie können nicht glauben, daß so was gleich am ersten Tag passiert, und Orschew sieht sich, wie er die Hand gegen die feuchte, brennende, klebrige Bauchwunde preßt – gleich ...

Aber der Granatwerfer war verstummt. Die Wache schickte Feuerstöße in die Berge. Nach einer halben Stunde war alles still. Das Lager regte sich, sprach, rauchte, keine Schreie waren zu hören, also waren sämtliche Granaten danebengegangen. Orschew rauchte noch eine Zigarette und schlief ein, von den Gesprächen der Rekruten eingelullt. Im Schlaf dachte er, wenn doch schönes Wetter wär, wenn doch ein Flugzeug da wär, wenn doch schönes Wetter wär und ein Flugzeug, schönes Wetter und ein Flugzeug.

Das Wetter war schön, und ein Flugzeug war da. Es war ein Transportflugzeug aus Bagram mit Särgen und Begleitpersonen – in Kabul wurde noch etwas zugeladen. Orschew erfuhr, daß die erste Zwischenlandung in Orenburg sein würde, dann in Minsk und Moskau. Da hatte er Glück. Gewöhnlich wurden die Heimkehrer nach Taschkent gebracht, von dort mußten sie allein nach Hause kommen. Im Winter war das kein Problem, aber im Sommer, wenn Bahnhof und Flugplatz überfüllt waren, lungerte man notgedrungen ein paar Tage in

Taschkent herum. Orschew mußte nach Moskau und dann weiter nach Westen, er hatte großes Glück.

Er setzte sich auf einen Klappsitz im Heck. Es war schwül. Er zog die Jacke aus, band den Schlips ab und knöpfte das Hemd auf.

Braungebrannte Soldaten in gebügelter und ausgewaschener Felduniform mit schneeweißen Kragenbinden blickten ihn düster an, sie mußten die Särge zu den Angehörigen bringen und am Grab und auf der Gedenkfeier ein paar Worte sprechen. Unter den Begleitpersonen waren zwei Offiziere, also lagen in den Särgen auch Offiziere. Die langen mattglänzenden Metallsärge, in der Mitte grob zusammengelötet, standen paarweise im Flugzeug. Die Offiziere unterhielten sich. Die Soldaten schwiegen.

Endlich gingen die Piloten in ihren blauen Overalls ins Cockpit. Die Heckluken schlossen sich, es wurde dämmrig, trübe flammten die Deckenleuchten auf. Die Triebwerke brüllten, das Flugzeug setzte sich in Bewegung, rollte auf die Startbahn, raste los und hob ab. Wer am Fenster saß, preßte das Gesicht an die dicke Scheibe. Orschew hätte gern einen letzten Blick auf Kabul geworfen, hatte aber keinen Fensterplatz, und zu jemandem gehen und ihn bitten, für einen Moment beiseite zu rükken, das lohnte nicht. Orschew blickte auf die Soldaten, auf die Metallsärge, die Deckenleuchten, auf den Boden. Er schloß die Augen.

Das Flugzeug kam schwer hoch. Es war heiß. Über die Gesichter rann Schweiß. Wenn er wenigstens rauchen könnte. Er hatte lange nicht geraucht; als die Transportmaschine beladen wurde, hatte er unter einer Tragfläche im Schatten gesessen, auf dem Flugplatz war Rauchen verboten. Er fühlte sich schwach. Wenn er tief atmete, hatte er ein leichtes Stechen links im Rücken. Kam es von dcr Lunge? Oder vom Herzen? Nein, sein Herz war gesund. Es hatte die ganzen zwei Jahre nicht gemuckt, das heißt, es hatte exakt funktioniert, obwohl sie wie Pferde durch die Berge gehetzt waren. Nein, das war die Lunge. Er war eben noch nicht ganz auskuriert, und fertig. Oder Chmysin hatte ihm an der Stelle einen ordentlichen Hieb verpaßt, und deshalb stach es. Aber diese verdammte Schwäche …

Wie lange mag's bis zur Grenze sein – eine halbe Stunde oder eine ganze? überlegte Orschew. Solange wir nicht die Grenze hinter uns haben, ist es zu früh, zu sagen: Geschafft. Übrigens haben wir schon eine anständige Höhe, jetzt können sie uns nicht mehr runterholen. Also – geschafft! Geschafft! Geschafft!

Gelage am violetten Fluß

Die ganze Nacht kratzten im Stab die Schreibfedern. Die ganze Nacht drückten sich vor dem Stab Soldaten herum, deren Dienstzeit um war. Die Entlassung hatte sich um drei Monate verzögert. In dieser ganzen Zeit glaubten die Soldaten ein fremdes Leben zu leben; sie gingen auf Streife, manche kamen um. Gestern waren sie wieder von einem Aufklärungseinsatz gekommen und konnten den Befehl, sich mit Wehrpaß im Stab zu melden, nicht gleich glauben. Die ganze Nacht schrieben die Stabsmitglieder die Dokumente aus. Diese Nacht war stickig und mondlos, am Himmel leuchteten Sterne, Zikaden sangen, aus der Steppe wehte Wermutduft, aus den langen, waggonähnlichen Latrinen roch es nach Chlor, ab und zu vertrieben die Soldaten der Gefechtswache sich den Schlaf mit kurzen Leuchtspurfeuerstößen – diese letzte Nacht war ganz normal, aber denen, die rauchend vor der Stabstreppe saßen und warteten, erschien sie verrückt.

Es wurde Morgen, und alle in die Reserve Entlassenen traten auf dem Appellplatz an. Ab und zu öffnete sich die Tür zum Stab, und ein Offizier oder ein Melder trat heraus, nur der Kommandeur ließ sich immer noch nicht blicken.

Doch dann kam, begleitet von Majoren und Oberstleutnants, finsteren, braungebrannten kräftigen Männern, der Kommandeur die Treppe herunter. Der Kommandeur ging langsam, er zog das linke Bein nach und stützte sich auf einen frischgeschnitzten Stock. Seit dem letzten Einsatz hinkte der Kommandeur – er war ungeschickt vom Panzerwagen gesprungen und hatte sich die

Sehne gezerrt, aber dieses Detail kannte niemand. Der Kommandeur, die Stirn leicht gerunzelt, schlurfte mit dem Bein, und alle blickten voller Achtung auf sein krankes Bein und seinen Stock und glaubten, er wäre verwundet.

Der Kommandeur blieb mitten auf dem Platz stehen und sah die Soldaten an.

Gleich wird dieser rauhe Mann irgendwelche seltsamen warmen Worte sagen, dachten alle, und den Sentimentalen saß schon ein Kloß im Hals.

Der Kommandeur wartete eine Weile, dann wies er mit dem Stock auf einen rothaarigen langen Soldaten, der ihm gegenüberstand.

»Komm mal her«, forderte der Kommandeur ihn auf.

Der Soldat in der enger gemachten, nach seinem Geschmack umgearbeiteten Uniform trat aus der Formation, schlug die Hacken zusammen, legte die Hand an den abgeschnittenen winzigen Schirm der Offiziersmütze und meldete, wer er war und aus welcher Abteilung. Der Kommandeur betrachtete ihn schweigend. Der Soldat trat von einem Fuß auf den anderen und blickte schuldbewußt auf den weißen Stock.

»Was bist du, eine Ballerina?« fragte der Kommandeur, das Gesicht angeekelt verzogen.

Der Kommandeur kam nicht dazu, seinen Soldaten eine Abschiedsrede zu halten; als er die Offiziere runtergeputzt hatte, die nicht darauf achteten, was die Soldaten mit ihrer Ausgangsuniform machten, als er noch einen Soldaten angeschrien hatte: »Und du, bist du eine Ballerina?«, als er alle Soldaten angeschrien hatte: »Seid ihr Ballerinas oder Soldaten, ihr Scheißer ...«, traf aus Kabul die Nachricht ein, daß die Hubschrauber unterwegs seien, und ein Melder kam auf den Platz gelaufen und teilte es ihm mit. Der Kommandeur schwieg eine

Weile, dann winkte er ab und gab Befehl, die Autos bereitzustellen.

Die MI-6, schwere, plumpe Hubschrauber, landeten nicht im Regiment, sie brauchten einen richtigen Startplatz – im Regiment war mit dem Bau begonnen worden, aber er stockte und kam nicht zum Ende, darum fuhren die demobilisierten Soldaten in geschlossenen Lkw und von zwei Panzerwagen bewacht ins Provinzzentrum, wo sich ein Militärflugplatz befand.

Vom Regiment bis zur Stadt waren es nicht mehr als fünfzehn Kilometer, der Weg führte über ebene und freie Steppe, so daß Überfälle nicht zu befürchten waren. Der Kommandeur hatte nur vergessen, einen Minenräumer vorauszuschicken, ein großes, panzerähnliches Fahrzeug mit dicken Wänden, das Minen beseitigt; der Kommandeur hatte Schmerzen im Bein, und außerdem gab es auch so mehr als genug zu tun – in zwei Tagen sollte das Regiment zum Angriff auf Kandahar ausrücken.

Die Autos fuhren auf der staubigen Straße und wichen vorsichtig frischen und alten Bombentrichtern aus.

Längs der Straße grünten Kartoffel- und Getreidefelder, wuchsen verstaubte Pyramidenpappeln; die Kolonne fuhr in die Stadt, und alle warfen einen letzten Blick auf sie. Sie sahen Lehmhäuser, Türme, Mauern, gelbe Aryks, schmutzige Abwasserkanäle und märchenhafte Gärten mit Bächen, Blumenbeeten, Wiesen und Pavillons; sie sahen die Kuppeln der Moscheen und die mit Blütenornamenten verzierten Lehmfinger der Minarette; mit buntem Kram vollgestopfte Läden, mit Papierblumen geschmückte kleine Pferde, die vor leichte Karren gespannt waren, zerlumpte, barfüßige bärtige Bettler, die im Schatten der Platanen lagerten, verschleierte Frauen, Jungen, die mit Zigaretten und Präservativen handelten, Esel mit Reisigbündeln.

Auf dem Flugplatz ließen die Stabsoffiziere und ein Regimentsoffizier, die mit den Demobilisierten zusammen gekommen waren, alle in zwei Reihen antreten, und nun begann, was die Soldaten Filzen nannten. Die Offiziere befahlen, alle Taschen und »Diplomatenkoffer«, ja selbst die Hosentaschen zu leeren und den Inhalt auf den Boden zu legen. Sie liefen schnell die Reihen ab, manchmal blieben sie stehen, sahen in eine Aktentasche, ließen jemanden eine Zahnpastatube ausdrücken, tasteten bei einem anderen Schulterklappen oder Mütze ab. Haschisch fanden sie bei niemandem. Sie fanden einen Koran, einen Rosenkranz, einen Satz pornographischer Karten, eine pakistanische Zeitschrift mit Fotos gefolterter Gefangener im Kreise lächelnder bärtiger Männer mit Turbanen – das alles zogen sie ein. Ninidse nahmen sie fünf deutsche Sonnenbrillen ab, mit der Bemerkung, das seien zu viele. Ninidse regte sich auf und erklärte, er wolle damit nicht handeln, das seien bloß Geschenke für Freunde. Auf den Lärm hin erschien ein Oberleutnant der Sonderabteilung. Er hatte ein schweißnasses bleiches Gesicht und dicke faltige Augenlider mit roten Rändern.

»Was ist mit Ihnen?« fragte er Ninidse. Er war der einzige Offizier im ganzen Regiment, der die Soldaten siezte. Er sah Ninidse ruhig an, und der verlor die Lust zu behaupten, daß er nur seinen Freunden eine Freude machen wollte. Dennoch erklärte er, was los war.

Der Oberleutnant zog ein Taschentuch hervor, wischte sich das bleiche Gesicht und fragte:

»Woher haben Sie das japanische Gerät?«

»Was für ein Gerät?«

»Hier, das Radio.«

»Gekauft«, antwortete Ninidse und wurde blaß.

»Die Quittung.«

»Was für eine Quittung, ich hab's in einem afghanischen Laden gekauft, da gibt's keine Quittung.« Ninidse versuchte zu lächeln.

Der Oberleutnant nahm das Radio und betrachtete es. Ninidse kam es vor, als beschnupperte er das Radio sogar mit seiner knochigen Nase.

»Gekauft also«, murmelte der Offizier, »gekauft haben Sie's. Aber vielleicht auch ... Ist doch möglich?«

»Was?«

»Alles ist möglich.«

»Nein«, widersprach Ninidse, »das hab ich gekauft.«

Der Oberleutnant lächelte gequält.

»So? Wollen wir das überprüfen?«

»Wie denn?«

»Ganz einfach. Dazu müssen wir ins Regiment zurück.«

»Sie machen Witze«, sagte Ninidse.

»Nein, absolut nicht.«

»Genosse Oberleutnant«, sagte Romanow, ein stämmiger Sergeant mit breiten Wangenknochen und braunen Augen.

Der Offizier sah ihn an.

»Genosse Oberleutnant, wir gehören doch zusammen, wir sind zu fünft, von Anfang bis Ende«, sagte Romanow und wies auf seine Nachbarn und Ninidse.

»Verstehe«, antwortete der Offizier. »Gut, Sie können auch alle fünf ins Regiment zurückfahren. Zum Überprüfen findet sich immer was. Woher sind Sie? Aufklärer? Na dann, Freunde ...«

»Bitte nicht, Genosse Oberleutnant«, sagte Romanow.

»Nicht?« Der Blick des Offiziers glitt über Romanows Nachbarn, blieb an den trüben Augen des mageren kleinen Rëutow hängen; er sah wieder Romanow an und fragte:

»Warum hat der Gras geraucht?«

»Wer?« fragte Romanow verwundert.

»Der da.« Der Offizier deutete mit dem Blick auf Rëutow. »Haben Sie Gras geraucht?« fragte er Rëutow.

»Nein«, antwortete Rëutow.

Der Oberleutnant schwieg eine halbe Minute. Während er schwieg, stellten die »Heimkehrer« sich vor, wie sie wieder zum Regiment fahren und seine Schützengräben, Kleiderkammern, die langen Latrinen, die Reihen der gummierten Zelte erblicken würden und wie der Kompaniechef bei ihrem Anblick pfeifen und der Politstellvertreter sagen würde, ich hab euch ja gewarnt, ich hab euch gewarnt, früher oder später kommt alles ans Licht.

»Also dann«, seufzte der Oberleutnant, schwieg wieder und blickte über die Soldatenköpfe hinweg. Alle vernahmen ein heiseres Surren, wandten sich um und erblickten schwarze Punkte über den grauen Bergen.

»Ja, stimmt, das sind zu viele Brillen«, murmelte Ninidse.

Der Oberleutnant sah ihn fröhlich an.

»So ist das also«, sagte er.

»Jawohl«, antwortete Ninidse.

»Und Sie!« wandte sich der Offizier an Rëutow. »Was haben Sie zu sagen?«

Rëutow sah ihn an und bewegte die schmalen Lippen:

»Ich rauche kein Gras.«

Das Surren wurde lauter, die Flecken hatten die Berge überquert und flogen schon über den Kartoffel- und Getreidefeldern der Vororte, sie wurden länger und dicker.

Alle »Heimkehrer« hatten bereits wegtreten dürfen, sie unterhielten sich laut, schüttelten den Staub aus ihren Jacken und Mützen und beobachteten von fern die Aufklärer und den Oberleutnant aus dem Regiment.

»Genosse Oberleutnant!« Ein Infanteriemajor, der seinen Urlaub antrat und den Trupp bis Taschkent begleiten sollte, war herangekommen.

»Wir überlegen hier, was wir machen sollen, ins Regiment zurückkehren oder nach Hause fliegen«, antwortete der Oberleutnant.

Der Major hob die Brauen.

»Gibt's was Ernstes?« fragte er und blickte nach oben. Die Hubschrauber setzten zur Landung an.

»Was Ernstes gibt's immer. Jeder hat was Ernstes.« Der Major sah den Oberleutnant eindringlich an und wandte sich ab.

Die Hubschrauber waren gelandet, behäbig und unbeholfen schaukelnd rollten sie über den Flugplatz. Sie machten heftigen Wind, und die Soldaten hielten ihre Mützen fest.

»Also was ist?« schrie der Major, der seine Mütze festhielt und sich vom Wind abwandte.

»Lassen wir's gut sein«, antwortete der Oberleutnant mit herablassendem Lächeln. »Obwohl der Haschischraucher hier eine Lektion verdient hätte.« Er drohte Rëutow mit dem Finger. »Lassen wir's gut sein«, sagte er und ging zu den Offizieren, die neben einem weißen Haus am Rande des Flugplatzes standen.

Romanow konnte sich nicht beherrschen und fluchte. Der Major, der das Wort zwar nicht gehört, es aber von seinen Lippen abgelesen hatte, schüttelte den Kopf. Aber es war treffend, und der Infanteriemajor mußte lächeln.

In Kabul waren die Hubschrauber gerade noch rechtzeitig gelandet, bevor der Samum die ganze Ebene einhüllte. Die Soldaten kletterten aus den Hubschraubern und erblickten sogleich die riesige geflügelte Maschine, die sie schon aus der Luft bemerkt hatten; sie war weiß und blau gestrichen, und an ihrer Bordwand stand »TU 134«. Dann wandten sie den Kopf nach Osten, und ihr Blick erlosch – von Osten her bewegte sich lautlos etwas zottiges Braunes über die Ebene, verdeckte Himmel und Berge mit den matt schimmernden Gletschern, hüllte Gärten und mit Lehmbehausungen bebaute Hänge ein; und weil es auf dem Flugplatz noch windstill war und am blauen Himmel die Sonne schien, in unmittelbarer Nähe aber alles undurchdringlich und bedrohlich aussah, erschien der sich nähernde Samum wie etwas Übernatürliches und Letztes, wie die Posaunen des Jüngsten Gerichts.

Als alle Soldaten aus den Hubschraubern geklettert waren, führte der Major sie über den Flugplatz zum Durchgangslager. Das stacheldrahtumzäunte Lager lag unweit am Fuß der Berge, die unten heiß und braun und oben kalt und grau, in Schnee und Gletscher gehüllt waren.

»Schneller!« trieb der Major die Soldaten an, sie folgten ihm in zügigem Gleichschritt und wandten sich ab und zu nach der Stadt um.

Die Stadt war bereits zur Hälfte vom Samum eingehüllt, die Soldaten konnten schon Staubwolken erkennen und sahen, wie der Wirbelsturm Papier, Laub, graue Fetzen und Lumpen vor sich hertrieb. Der Major fiel in Laufschritt, alle rannten, hart knallten die Stiefel auf den Beton. Alle rannten, die Mütze in der Hand. Sie folgten ihrem schnellfüßigen Major, doch auf ihnen lag schon der gelbe Schatten des Samums. Auf halbem Wege holte das braune Gestöber sie ein.

Sie verirrten sich; erst nach einer Stunde, von Sand und kleinen Steinen gepeitscht, eingestaubt, keuchend und zornig kamen sie im Durchgangslager an. Der Lagerkommandant verteilte sie auf die Zelte. Auch dort war es staubig, aber kein Staubwind peitschte ihnen das Gesicht, keine Steinchen prasselten ihnen auf den Kopf, und vor allem, sie konnten endlich rauchen.

Der Samum legte sich spät in der Nacht. Alles im Lager, außer den Wachen, schlief. Das Lager war voll von in die Reserve Entlassenen und Rekruten, und sie alle schliefen und träumten; sie träumten Unterschiedliches: die »Heimkehrer«, daß sie morgen für immer von hier wegfliegen würden, die Rekruten von guten Kommandeuren und »Opas« und von Orten, wo wenig geschossen wurde.

Mitten in der Nacht piepte der Wecker an Ninidses Armbanduhr, Ninidse erwachte, stand auf, verließ das Zelt und sah sich um. Es war still und dunkel, am Himmel leuchteten blau, grün und rot die Sterne. In der Hauptstadt brannten vereinzelte Lichter. Über der Stadt hingen schwarze Gipfel. Ninidse kehrte um, holte das Radio aus seinem »Diplomatenkoffer«, zog seine Jacke über den nackten Oberkörper, steckte das Radio darunter, trat aus dem Zelt, sah sich um und lief zum anderen Ende des Lagers.

Er lief zum anderen Ende des Lagers, unter der Jacke das Radio, das an seiner bloßen verschwitzten Brust klebte, und bat seinen ALTEN, er möge dafür sorgen, daß er keinem diensthabenden Offizier in die Arme liefe.

Ohne jemandem begegnet zu sein, erreichte er sein Ziel, eine lange Bretterbude. Er trat durch die enge Tür und erstarrte, als er im Dunkeln eine glühende Zigarette sah. Er wollte rausrennen, besann sich aber, ging zur Rückwand, fand ein Loch, ließ die Hose herunter und setzte sich. Der Nebenmann schwieg, rauchte und spuckte aus. Ninidse saß da und wartete. Endlich ging der andere, Ninidse wartete noch eine Weile, dann zog er seine schweißnasse Trophäe hervor und warf sie in das Loch. Mit lautem Klatschen landete das Radio.

Ninidse kehrte ins Zelt zurück, zog sich aus und legte sich auf das blanke Eisengestell – aus Angst vor Flöhen hatten sie alle Matratzen von den Betten genommen und in einer Ecke aufgestapelt. Ein paar Minuten lauschte er angespannt, aber bis auf das Schniefen und Schnarchen der anderen war nichts zu hören; er entspannte sich, atmete tief durch, bat seinen ALTEN, er möge dafür sorgen, daß sie am Morgen abfliegen könnten, und schlief ein.

Ein sonniger Morgen war angebrochen.

Nach dem Frühstück wurde ein großer Trupp »Heimkehrer« auf den Flugplatz geführt. Die Zurückbleibenden sahen durch den Stacheldrahtzaun, wie der Trupp eine Stunde später ein Flugzeug bestieg, sie sahen, wie das Flugzeug auf die Startbahn rollte, auf Touren kam, sich vom grauen Beton löste und aufstieg, einen Halbkreis über der Stadt zog und nach Norden flog.

Die Zurückgebliebenen saßen in den Raucherecken, qualmten und blickten finster auf die frisch Einberufenen, die ihnen wie unechte Soldaten erschienen, die nicht zum Kämpfen hergekommen waren, sondern um in einem Kriegsstück mitzuspielen – so frisch waren ihre Gesichter, und so ungeschickt versuchten sie ihre Angst zu verbergen; sie witzelten und lachten krampfhaft und fluchten ausgiebig. Aber wie grob und schamlos sie auch fluchten, wie finster sie auch dreinblickten und wie derb sie auch witzelten, es war klar, daß sie Angst hatten und selbst nicht fassen konnten, wie sie zwei Jahre lang das tun würden, was diese braungebrannten, schnurrbärtigen Männer mit den Schirmmützen und den Jacken voller Abzeichen und Medaillen getan hatten.

Auf dem Flugplatz waren keine großen Flugzeuge weiter zu sehen, und die »Heimkehrer« trösteten sich: »Na schön, sonnen wir uns eben ein bißchen.«

Aber mittags kam ein Transportflugzeug, und jemand

erinnerte sich, daß ein vor einem Jahr entlassener Landsmann geschrieben hatte, wie ihr Trupp mit einem Transporter nach Hause geflogen war, und alle wurden munter und stritten darüber, ob das die Wahrheit sei oder nicht.

Eine halbe Stunde verging. Der Infanteriemajor erschien. Er sammelte seinen Trupp und führte ihn zum Lagertor. Dort verlas irgendein Hauptmann mit Brille Listen, und der ganze Trupp meldete sich: Hier! Hier! Hier!

Es verging eine weitere halbe Stunde. Die Soldaten standen vor dem Tor, direkt in der Sonne. Der Schweiß lief ihnen in Strömen über das Gesicht. Die Soldaten standen da und blickten ergeben zu ihrem Major, der abseits stand und rauchte.

Dann erschien wieder der bebrillte Hauptmann, und alle sahen ihn gebannt an. Der Hauptmann nickte dem Major zu, ging zur Spitze der Kolonne, befahl den Posten, das Tor zu öffnen, die Posten öffneten das Tor, der Offizier winkte, und die Soldaten setzten sich in Bewegung.

Die Offiziere beim Zoll waren fröhliche und nachsichtige junge Burschen. Ebenso schnell und geschickt wie die Regimentskontrolleure durchsuchten sie die Sachen, drückten nur eine Tube Zahnpasta aus und zerschnitten ein paar Stücken Seife. In einem Stück fand sich ein afghanischer Geldschein. Die Offiziere fragten lachend: »Was willst du denn damit in der SU?« Der Soldat antwortete: »Zur Erinnerung.« Sie gaben ihm den Schein zurück. Haschisch fanden sie bei niemandem. Aber sie rissen sich auch kein Bein aus, um welches zu finden. Brillen, Jeans, pakistanische Zigaretten und ähnliches interessierte sie überhaupt nicht, obwohl im Durchgangslager gemunkelt worden war, der Kabuler Zoll wäre superscharf, kein Vergleich mit den Kontrolleuren im Regiment, die würden alles abnehmen, was nicht in sowjetischen Läden gekauft worden sei.

Ninidse war finster, als sie den Hof der Zollstation verließen und zum Transportflugzeug liefen.

»Was ist los, Murman?« fragte Romanow.

Ninidse schwieg.

»Murman«, ließ Romanow nicht locker, »he, Murman, du trinkst heute noch Tschatscha. Stimmt's?«

Ninidse lächelte traurig.

»Na, heute wohl kaum«, wandte Schingarjow ein.

»Aber Taschkenter Wein«, sagte Romanow, »probiert er heute noch.«

»Sascha und ich, wir trinken nur Wodka«, brummte der breitschultrige, dicke Spiwakow. »Stimmt's, Sascha?«

Der kleine Rëutow lächelte stumm.

»Alles trinken wir«, sagte Romanow. »Und der Wein muß unbedingt rot sein. Das ist der Wein des Sieges. Stimmt's, Schingarjow-Holmes?«

»Stimmt«, bestätigte der abgebrochene Student Schingarjow. Den Spitzamen Schingarjow-Holmes hatte ihm der Kompaniechef verpaßt; als er bei Kandahar einen Kugelsplitter ins Gesäß bekommen hatte und anfing zu stöhnen, tröstete ihn der Kompaniechef damit, daß auch Sherlock in Kandahar verwundet wurde.

»Alles werden wir trinken, Wodka und Wein«, wiederholte Romanow.

»Und Bier«, ergänzte jemand.

»Und dazu Weiber!« rief jemand aus der Nähe.

»Wie sieht's denn aus, sind die Bräute in Taschkent teuer?«

»Fünfundzwanzig, wenn der Kunde nicht grad 'ne Visage hat wie'n Feuerlöscher.«

»Und wenn doch?«

»Dann fünfzig.«

»Das sind ja die reinsten Wucherer! Bei uns in Tokmak machen sie's für 'ne Tafel Schokolade!«

Witzelnd und lachend langten sie am Transportflugzeug an. Der Major auf Urlaub ging zu den im Schatten einer Tragfläche stehenden Piloten. Er sprach mit ihnen, kam zurück und sagte, das Flugzeug sei noch nicht entladen und sie müßten noch einmal für die Armee arbeiten.

»Müssen wir etwa auch noch auf ein Auto warten?« Die Frage klang verzweifelt.

»Nein, wir laden's einfach hier ab.«

»Überhaupt haben wir genug vom ewigen Auf- und Abladen. Überhaupt ist das eine Sauerei. Wir sind schließlich schon freie Menschen«, sagte jemand.

»Halt die Fresse, du freier Mensch!« wurde er zum Schweigen gebracht. »Klar laden wir ab, Genosse Major, keine Frage!«

»Na, dann lad doch ab«, ertönte die Stimme des »freien Menschen« wieder.

Der Major fluchte und fragte: »Was ist, will hier keiner nach Hause?« Und alle zogen sich bis zum Gürtel aus und gingen das Flugzeug entladen.

Sie schleppten Kisten, Säcke, Kartons und riechende bläuliche ausgeweidete Hammel aus dem Flugzeug und stapelten alles ein Stück entfernt auf. Sie liefen die Gangway hoch und runter, schleppten und schleppten Kisten, Kartons, Säcke und Hammel, und die Sonne brannte auf ihre ungeschützten Köpfe und ihre schweißglänzenden Rücken.

Als sie das Flugzeug entladen hatten, wischten sie sich mit Taschentüchern ab und zogen ihre Hemden und Jacken wieder an.

Dann stiegen sie in das heiße Flugzeug und setzten sich längs der Bordwände; es gab nur wenige Sitzplätze, wer zu spät kam, mußte sich auf »Diplomatenkoffer«,

Aktentaschen oder Zeitungen setzen. Rëutow hatte einen Platz an einem Bullauge ergattert, da kam ein rundgesichtiger Artillerist und sagte einfach:

»Laß mich mal hier sitzen.«

Rëutow sah ihn mit seinen trüben Augen an.

»Setz dich doch«, sagte Spiwakow.

Der Artillerist blickte Spiwakow an und zog wortlos ab.

»Artist-Artillerist«, murmelte Spiwakow grinsend.

Kurz darauf betraten die Piloten in ihren schicken blaßblauen Kombinationen die Kabine, ein paar Minuten später schwebte die Gangway am Heck ein und wurden die gedämpften Positionslichter eingeschaltet.

Das Flugzeug setzte sich in Bewegung und rollte auf die Startbahn.

Das Atmen fiel schwer. Im stickigen Halbdunkel glänzten schwarz die Gesichter. Es roch nach Schweiß und Hammelfleisch.

Das Flugzeug erbebte, alle spannten sich an, als müßten sie selbst alle Kräfte zusammennehmen, laufen und springen. Das Flugzeug riß sich los, kam auf Touren, wurde schneller und glitt plötzlich schwebend dahin, alle begriffen, daß es abgehoben hatte, daß sie für immer fortflogen.

Taschkent, die Stadt der Frauen, lag im Schein der Abendsonne. Seine gen Westen gerichteten Fenster leuchteten, in seinen schattigen, zu dieser Stunde besonders grünen Höfen sprudelten unzählige kühle Springbrunnen. Taschkent war laut, riesig und hoch; durch seine Straßen liefen gutangezogene Menschen mit satten, angstfreien und sorglosen Gesichtern. Es war eine Stadt voller Frauenaugen, -haare und -lippen. Wohin die »Heimkehrer« auch blickten, überall waren Frauen: in den Schaufenstern, in Bussen, Autos, hinter Fenstern, in

Hauseingängen, Läden – überall sahen sie Frauen, junge, reife, alte, schlanke, häßliche, schmalhüftige, Frauen mit Rubens-Figuren, mit schrägen und mit großen Augen, schwarzhaarige, rothaarige, Frauen mit Muttermalen im Gesicht, mit nackten Schultern, in Röcken und in durchsichtigen Kleidern. Kurz, es war eine überwältigende Stadt, und die »Heimkehrer« fühlten sich auf ihren Straßen ungefähr so wie die Rekruten im Kabuler Durchgangslager.

Sie waren verwirrt und wußten nicht, wohin und was tun. Als sie auf dem Flughafen und auf dem Bahnhof erfahren hatten, daß Fahrkarten und Tickets in ihre Richtungen auf fast eine Woche im voraus ausverkauft waren, schlenderten sie durch die Straßen, blieben an gelben Kwaß-Tonnen stehen, tranken sich satt und stritten, was sie nun unternehmen sollten. Spiwakow schlug vor, auf alles zu pfeifen, Wodka zu kaufen, sich ein stilles Plätzchen zu suchen und ordentlich einen draufzumachen. Schingarjow wandte ein: »Und wenn uns eine Patrouille erwischt?« In Taschkent auf der Wache zu sitzen lockte niemanden, und außer Spiwakow schwankten alle, ob sie trinken sollten oder nicht.

Sie liefen durch die Straßen, stritten und diskutierten, und sobald ihnen ein Mädchen oder eine Frau begegnete, verstummten sie und musterten diese von Kopf bis Fuß.

Ninidse schlug vor, Fahrkarten zu kaufen und für eine Woche in einem Hotel abzusteigen. Diese phantastische Idee wurde sofort abgelehnt – was heißt hier Hotel?! Spiwakow beharrte darauf, es sei das Beste, eine Flasche Wodka zu kaufen, sich einen stillen Ort zu suchen, sich vollaufen zu lassen und am Morgen darüber nachzudenken, wie weiter. Schingarjow schlug vor, die Wagenschaffner zu bestechen und ohne Platzkarte wenigstens bis Orenburg mitzufahren; von dort würden sie sicher leichter nach Tbilissi, Moskau, Kuibyschew, Rostow am Don und Minsk gelangen; einen draufmachen könnten sie auch im Zug, ohne Angst vor Patrouillen haben zu müssen. Das gefiel allen. Ninidse entwarf augenblicklich ein Porträt der Wagenschaffnerin, mit der sie verhandeln würden: jung, drall, mit rosigen kleinen Ohren und Wangen und ohne Vorurteile.

Sie schwenkten Richtung Bahnhof ab.

Unterwegs kauften sie Fischkonserven, Fischbuletten, Brot, Gurken, Wein und Wodka. »Guten Appetit, Jungs«, sagte die Verkäuferin, eine rothaarige Frau mit vollen Lippen.

»Mann, diese schamlosen Augen«, stöhnte Ninidse, als sie den Laden verließen.

Bis zum Dunkelwerden trieben sie sich auf Bahnsteigen herum und beknieten die Wagenschaffner, denen sie erst fünfzig, dann fünfundsiebzig, schließlich hundert Rubel boten – vergebens.

Als es ganz dunkel geworden war, sagte Spiwakow, sie hätten nun genug gebettelt, doch da wurde die Ankunft eines Zuges durchgesagt, und sie beschlossen, noch einmal ihr Glück zu versuchen.

Der Zug fuhr ein, die Bremsen quietschten, und er stand. Lärmende Menschen stürzten sich auf die Wagen, die »Heimkehrer« liefen ans Zugende – sie hatten irgendwie das Gefühl, schwarz fuhr man am besten in den hinteren Wagen. Sie rannten zum letzten Wagen, und Ninidse bat seinen ALTEN: Mach, daß …

Die Menschen hielten dem leicht ergrauten, massigen Wagenschaffner ihre Fahrkarten hin. In dessen Mundwinkel hing eine Papirossa. Er qualmte, nahm die Fahrkarte, legte sie auf seine Hand, hielt sie ins Licht, das aus dem Wagen drang, gab die Fahrkarte zurück und nickte: Steig ein.

Der Andrang war vorbei, und Schingarjow wandte sich in vertraulichem Ton an den Wagenschaffner:

»Wir haben ein Problem ...«

Der Wagenschaffner musterte die Soldaten mit einem flüchtigen Blick, sah Schingarjow an und brummte finster:

»Mhmh.«

»Also, folgendes Problem.«

»Was für ein Problem?«

»Also, folgendes. Wir zahlen auch ...«, begann Schingarjow.

»Nein, nein«, unterbrach ihn der Schaffner.

»... hundert Rubel ...«

»Nein.« Der Schaffner sah zur Uhr. »Schluß aus, der Laden macht dicht.«

Er drehte sich um und betrat die Plattform.

»Onkel, haben Sie gedient? Haben Sie irgendwann mal gedient? Hören Sie uns doch mal zu ...«

Der Schaffner blickte über ihre Köpfe hinweg aus dem Wagen auf den Bahnsteig, ob vielleicht noch ein verspäteter Passagier käme, und zog, ohne Schingarjow zu antworten, die Tür zu. Im letzten Moment setzte Romanow seinen Fuß in den Türspalt.

»He!« rief der Schaffner verwundert und stieß die Tür auf.

»Kannst du nicht antworten wie ein Mensch?« sagte Romanow.

Mit einem Tritt stieß der Schaffner Romanows Fuß von der Schwelle und schlug die Tür zu. Romanow hämmerte mit der Faust gegen das staubige dicke Fenster. Der Schaffner stand hinter der Tür und sah zu ihnen. Er holte eine Papirossaschachtel hervor, zog eine Papirossa raus, blies in das Mundstück, zündete sie an und starrte wieder zu den Soldaten. Kurz darauf fuhr der Zug an, Romanow spuckte gegen die trübe Scheibe.

Als der Zug abgefahren war, öffnete der Schaffner die Tür und schrie:

»Scheißer!«

Sie irrten um den Bahnhof herum und fanden einen kleinen Park. Ihn durchfloß ein schmaler, gerader Fluß. Von dorther drang übler Geruch, aber sie fanden, das machte nichts, und ließen sich am Wasser nieder. Ab und zu kam jemand durch den Park, doch das Ufergebüsch schützte die Soldaten vor fremden Blicken. Am anderen Ufer zogen sich die Mauern niedriger Ziegelbauten hin, überragt von Laternenmasten, die Laternen tauchten die schwarzen Dächer, den Fluß und die Soldaten in violettes Licht. Die Stimmung der Soldaten wurde besser, als sie sahen, daß es hier hell und zugleich einsam war. Sie wurde noch besser, als sie auf dem Gras Zeitungen ausgebreitet, Brot, Konserven und Gurken darauf verteilt hatten und die Batterie Flaschen leuchten sahen.

»Nicht übel, das Restaurant«, murmelte Spiwakow.

Alle stimmten ihm zu und fanden das Restaurant einfach großartig.

»Dann wollen wir mal«, sage Spiwakow. Er verteilte Pappbecher, griff nach einer Wodkaflasche, doch Schingarjow stoppte ihn:

»Erst den Portwein.«

»Ich trinke nicht durcheinander, ich will nur Wodka«, antwortete Spiwakow.

»Nein, erst müssen wir Portwein trinken.«

»Ich muß überhaupt nichts mehr.«

»Das gehört sich aber so. Roter Wein muß sein, das ist der Wein des Sieges«, beharrte Schingarjow.

Romanow und Ninidse unterstützten Schingarjow, und Spiwakow gab nach. Schingarjow goß allen Portwein ein. Sie erhoben die mit dunklem Wein gefüllten Becher, stießen vorsichtig an und tranken. Schingarjow verschluckte sich und mußte husten. Er stellte den leeren Becher ab und strich sich über die Brust.

»Ich hab mich bekleckert, verdammt«, sagte er gepreßt und hustete wieder.

»Da is nichts, Bidsho«, beruhigte ihn Ninidse, der sich zu ihm beugte und sein Hemd betrachtete.

»Das klebt doch«, widersprach Schingarjow.

Romanow zündete sich eine Zigarette an und hielt das brennende Streichholz an Schingarjows Brust; alle sahen den großen dunklen Fleck auf seinem Hemd.

»Wasch's aus«, riet Ninidse.

»Da muß er schon das ganze Hemd waschen«, sagte Romanow.

»Dann ist es zerknittert, und wie krieg ich's wieder glatt? Verdammt noch mal ...«

»Ist doch kein Beinbruch, scheiß drauf«, sagte Spiwakow.

»Versuch's doch mal mit 'nem Schlips drüber.« Die Idee kam von Romanow.

Schingarjow zog aus der Tasche seiner Jacke, die auf seinem »Diplomatenkoffer« lag, eine Krawatte und band sie um.

»Na, wie ist das?«

»Leuchte mal.«

Romanow zündete ein Streichholz an.

»Ist fast nichts zu sehen. Wenn du die Jacke anbehältst, sieht überhaupt keiner was«, sagte Romanow.

»Ach, scheißt doch auf die Klamotten. Ich scheiß drauf. Sascha auch, stimmt's, Sascha?« fragte Spiwakow.

Sascha Rëutow verzog sein violettes schmales Gesicht, er lächelte schweigend, wie immer. Spiwakow goß sich und Rëutow Wodka ein und fragte, wem er noch eingießen solle. Ninidse und Romanow nickten, Schingarjow lehnte ab. Sie tranken den Wodka, atmeten tief durch und begannen zu essen. Schingarjow trank Portwein.

»Sascha und mir, uns ist das scheißegal«, setzte Spiwakow seinen Gedanken fort, »Sascha und ich, wir fahren auch in Unterhosen, Hauptsache, nach Hause, stimmt's, Sascha?«

Es war tiefe Nacht. Menschen kamen keine mehr durch den Park. Der violette Fluß lag reglos zwischen seinen Ufern. Deutlich war die Eisenbahn zu hören: die gleichgültige Stimme der Bahnhofsaufsicht, das Pfeifen der Loks, Rangiergeräusche, Räderrattern und das Schnaufen der Dieselmotoren.

Ninidse, der plötzlich nicht mehr gut russisch konnte, schimpfte auf den Oberleutnant der Sonderabteilung, auf den Stabsoffizier, der ihm die Brillen abgenommen hatte, auf die Obrigkeit, die ihnen nicht mal eine normale Heimkehr sicherte; er geriet in Rage und begann auf georgisch zu fluchen. Aber ihm hörte sowieso niemand zu. Spiwakow bedauerte unentwegt, daß er sich nicht getraut hatte, unter seinen Schulterklappen oder den Kragenspiegeln ein paar Plättchen Haschisch zu schmuggeln; er behauptete, Wodka wirke bei ihm nicht, er sei so an Haschisch gewöhnt, daß Wodka ihm wie Wasser vorkomme; auch er schimpfte auf den Oberleutnant, der Saschka Rëutow verdächtigt hatte, ausgerechnet Saschka, der in seinem ganzen Leben noch nie das süße Haschischgras gekostet hatte. Romanow rauchte ununterbrochen, bestreute sich dabei mit Asche und sah seine Kameraden liebevoll an. Ab und zu legte er den Kopf in den Nacken und betrachtete die blauviolett beleuchteten Pappeln, betrachtete sie lange und lächelte. Am nüchternsten war Schingarjow, er hörte zu und beobachtete.

Es war tiefe Nacht. Die Pappeln und der violette, reglose Fluß schwiegen. Irgendwo hinter den schlafenden Häusern lärmte die Eisenbahn.

»Murman«, sagte Romanow und zündete sich eine neue Zigarette an, »hör auf zu schimpfen, ich bitte dich. An so einem Tag, in so einer Nacht. Du auch, Schingarjow-Holmes! Ich kann dich gar nicht angucken, weiß Gott. Trink ein bißchen Wodka, was säufst du diese Farbe.«

»Irgendeiner muß doch nüchtern bleiben«, erwiderte Schingarjow.

»Hier? Hier, in dieser Nacht?« Romanow legte den Kopf zurück und betrachtete schweigend den Himmel.

»Laß dich vollaufen, Schingarjow-Holmes«, sagte Spiwakow, »ich werd sowieso nicht betrunken. Ich bin völlig klar.«

»Wollen wir was singen?« fuhr Romanow auf. »Irgendwas, das zu Herzen geht. ›Diplomaten sind wir nicht aus Beru ... ru ...‹ Wie war das? ›Diplomaten sind wir nicht aus Beru ... hu! hu!‹ Hahaha! ›Beruhufung!‹ Hahaha! Hihi!«

»Stimmt, ein bißchen Musik könnten wir gebrauchen«, sagte Spiwakow. Na los, Murman, wirf dein ›Made in Japan‹ an.«

Murman Ninidse antwortete finster:

»Hab kein Radio mehr, is geklaut.«

»Was? Wie? Wer?«

»Im Durchgangslager, zap, zap, zapzerap!«

»Warum hast du denn nichts gesagt?!« rief Romanow.

»Warum, warum. Wozu denn.«

»Was heißt hier wozu? Was heißt denn hier wozu? Wir hätten sie alle auf den Kopf gestellt! Diese ganzen Bastarde! Was heißt hier, wozu? Wir hätten sie alle ... diese Schweine, diese Hunde ... Diesen Schaffner werd ich mein ganzes Leben nicht ... noch in hundert Jahren werd ich diese Fresse ... den mach ich fertig!« schrie Romanow.

»Nun wird's lustig«, sagte Spiwakow stirnrunzelnd.

»Hör auf zu schreien«, sagte Schingarjow zu Romanow. »Was hat das mit dem Schaffner zu tun?«

»Was? Wovor hast du denn dauernd Schiß? Soll nur einer herkommen. Na und.« Romanow schlug sich mit der Faust auf die Hand. »Eine Patrouille oder die Bullen. Wenn die sich unbedingt mit Aufklärern anlegen wollen. Bitte, das können sie haben!« Romanow schlug sich mehrmals heftig mit der Faust auf die Hand.

»Seltsam«, murmelte Spiwakow, »wie ist denn das passiert? Du hast doch auf deinem ›Diplomatenkoffer‹ geschlafen und bist die ganze Nacht nicht rausgegangen? Wann haben die denn das gemacht?«

»Ein Teufelei is das«, antwortete Ninidse und breitete die Arme aus.

Er spürte, daß ihn jemand ansah, schielte zur Seite und sah ein violett beleuchtetes schmales Gesicht: schwarze Falten, eine knochige lange Nase, schwarze schmale Lippen und schwarze Augen. Wenn Rëutow was weiß, mach, daß er nichts sagt, bat Ninidse den ALTEN. Nach dem ersten Einsatz hatte er sich das angewöhnt – jemanden zu bitten, den er sich grauhaarig, klug, stark und großherzig vorstellte und den er den ALTEN nannte; damals war es sehr heiß hergegangen, und er hatte unwillkürlich gesagt, ALTER, mach, daß ..., und war ohne einen einzigen Kratzer aus dem Schlamassel rausgekommen.

Rëutow schwieg. Außerdem blickte er an ihm vorbei. Woher sollte Rëutow etwas wissen? Ninidse beruhigte sich.

»Wie gewonnen, so zerronnen«, sagte Schingarjow plötzlich.

»Versteh nicht.«

»Wie gewonnen, so zerronnen«, wiederholte Schingarjow kalt.

»Wie gewonnen?«

»Du weißt schon.«

»Was willst du damit sagen?«

»Der braucht sofort was zu trinken.« Romanow zeigte auf Schingarjow.

»Alles klar«, sagte Spiwakow. »Solche Moralapostel kenn ich.«

»Männer!« Romanow ruderte mit den Armen. »Hört auf! Trinken wir lieber.«

»Nein, sag schon«, forderte Ninidse.

»Schon gut«, murmelte Schingarjow.

»Nein, sprich dich ruhig aus, Schingarjow.«

»Ich weiß Bescheid«, sagte Spiwakow. »Er wollte das schon lange sagen, das hab ich gesehen. Er war von Anfang an ein Saubermann. Er wollte sagen, daß wir Trophäen nach Hause bringen und er nicht. Na und? Ich scheiß drauf. Die Sachen haben wir im Kampf erbeutet, und ich scheiß drauf, klar?«

»So is das also!« rief Ninidse. »So is das also! Das will er sagen. Das meinst du, ja? Du bist ein Saubermann, ja?«

Schingarjow wollte den Mund aufmachen, um zu bestätigen, ja, ja, genau das wollte ich sagen, aber da fiel sein Blick zufällig auf Rëutow, und ein Gedanke über Rëutow brachte ihn aus dem Konzept, und er sagte leise:

»So was wollt ich nicht sagen.«

»Jungs, Männer.« Romanow griff nach der Flasche. »An so einem Tag ... in so einer Nacht.« Er wurde nachdenklich.

»He, bist du eingeschlafen. Gieß ein«, brummte Spiwakow und hielt ihm seinen Becher hin.

»Wart mal ... also ... Ich hatte einen Gedanken ... Was wollte ich denn sagen ...«

»Gieß schon ein.«

»Nein, aber ...« Romanow schüttelte den Kopf. »Nein,

ich hab's vergessen.« Er goß mehr schlecht als recht Wodka in die Becher. »Los, trinken wir, und dann genug davon, von dem allem, dem ganzen ... zum Teufel damit! Die Freiheit, das ist was. Aber das alles ... dieser Zank und Streit ... diese alten Rechnungen – zum Teufel damit. Nur die Freiheit, das ist was! Ja! Das war nicht der Gedanke, der ist weg, verschwunden.«

Romanow saß mit dem Becher in der Hand da, blickte finster und konzentriert auf die Mitte des Tisches und bewegte die Lippen; verschütteter Wodka rann ihm über die Hand.

»Trink lieber, statt alles auszukippen.«

Romanow sah Spiwakow verständnislos an, trank, ohne eine Miene zu verziehen, den Wodka aus und sprudelte hervor:

»Ja! Ich hab's wieder! Ich hab das Gefühl«, er blickte sich nach allen Seiten um, »als ob jemand fehlt.«

»Natürlich fehlen welche«, murrte Spiwakow.

»Nein, das mein ich nicht, die mein ich nicht.«

»Schon gut, leg dich hin und schlaf.«

»Nein, versteh doch mal.«

»Leg dich hin, sag ich dir. Leg dich schlafen, der Boden ist warm.«

»Du hast mich nicht verstanden. Ich sag, es fehlt jemand, der da war, und nun ist er nicht mehr da.« Romanow sah alle an, die um den »Tisch« herum saßen.

»Leg dich hin«, wiederholte Spiwakow, »es sind alle da.«

Romanow betrachtete seine Kameraden, bemerkte schließlich Rëutow und erstarrte. Mit weitgeöffneten Augen sah er Rëutow an und schwieg. Er schwieg lange; alle schwiegen und sahen ihn und Rëutow an.

»He!« schrie Romanow. »He, Rëutow! Saschka! Hahaha! Du! Hahaha!«

»Ich sag ja, nun wird's lustig«, murmelte Spiwakow.

Romanow hörte auf zu lachen.

»Es sind alle da«, sagte er. »Alle sind da und das Gelage ... also ... das geht weiter. Das Gelage ... der ... na, der ehemaligen Aufklärer.« Romanow holte Luft und sang: »Wir marschierten in weite Fernen, die nicht jeder erreichen kann! Viele Jahre versteckt, auf der Lauer ...« Er verstummte, suchte Rëutow und starrte ihn an.

Rëutows violettes schmales Gesicht war voller Falten – er lächelte.

»Ich bin's«, sagte er zu Romanow. »Keine Angst.«

»Sascha«, sagte Romanow mit säuselnder Stimme. »Sascha ... das ist merkwürdig, weißt du ...« Er schwieg. »Ich muß gerade daran denken ... wie wir ins Regiment gekommen sind.«

»Und weiter?« fragte Spiwakow.

»Weiter?« Romanow fuhr auf. »Nichts weiter! Es ist einfach seltsam. Seltsam ist das. Weiter nichts ... Viele Jahre versteckt, auf der Lauer, ob bei Regen oder Schnee!«

Ich hab doch an dasselbe gedacht, sagte sich Schingarjow, hab gedacht, hab gedacht ... Jetzt bin ich doch betrunken. Ich muß mich konzentrieren und daran denken, wie wir ins Regiment gekommen sind. Er konzentrierte sich und erinnerte sich, wie sie nach drei Monaten Ausbildung in einem Feldlager in den turkmenischen Bergen ins Regiment gekommen waren; der Kommandeur der Aufklärungskompanie hatte aus der Menge der Rekruten als ersten den riesigen Spiwakow ausgewählt, Spiwakow sagte, sie seien zu fünft, und bat, die anderen auch zu nehmen. Gern nahm der Kompaniechef den drahtigen, gelenkigen Ninidse, den kräftigen, breitschultrigen Romanow und ihn, Schingarjow; Rëutow aber lehnte er kategorisch ab. Na los, sagte Spiwakow zu Rëutow, mach mal was auf Donkosakenart; der zierte sich, Spiwakow blieb hartnäckig, schließlich wollte der Kompanieführer wissen, was dieser schmächtige Junge so Besonderes konnte. Als die anderen die Neugier im Gesicht des Kompaniechefs bemerkten, redeten sie alle auf Rëutow ein, und Rëutow sang errötend einen Kosakenvers; das massige Gesicht des Kompaniechefs erzitterte in einem Lächeln, und er fragte, was Rëutow noch konnte; Rëutow antwortete treuherzig, er könne außerdem Harmonika spielen und kenne eine Million Verse; der Kompaniechef fragte: Eine Million? und nahm Rëutow in die Aufklärerkompanie auf.

»Du meinst also, du bist ein ganz Sauberer?« fragte Ninidse, der näher an Schingarjow herangerückt war.

»Ruhe«, sagte Romanow.

»Ich bring sie gleich zur Ruhe, ich rammle sie mit den Schädeln zusammen, gleich.« Spiwakow versuchte aufzustehen, kam aber nicht hoch. Er betrachtete ratlos seine Beine und rief: »He, Beine!«

Romanow lachte. Auch Ninidse mußte lächeln. Spiwakow wagte noch einen Versuch, erhob sich, schwankte und plumpste wieder zu Boden.

»Die Beine.« Er breitete die Arme aus, alle lachten, und Rëutows schmales Gesicht überzog sich lautlos mit Falten.

»Und du hast gesagt, Wodka tut dir nichts.«

»Verräter«, sagte Spiwakow zu seinen Beinen.

»Ruhe!« schrie Romanow. »Ruhe! Mhmh ...« Er schlug sich die Faust vor die Stirn. »Verdammt! Verdammt! Ich hab's vergessen ... weg ist er, so ein toller Trinkspruch.«

»Macht nichts, trinken wir eben einfach so.« Spiwakow nahm die Flasche, näherte sie einem Becher und ließ sie fallen. »Mann! Nun wird's wirklich lustig! Mein rechter Arm nun auch noch! Verräter.«

»Ruhe!« schrie Romanow. »Ich hab ihn, den Trinkspruch. Trinken wir darauf, also, darauf, genau, eben darauf! Daß uns Arme und Beine verraten, aber unsere Freunde nicht!«

»Ein toller Trinkspruch!« stimmte Spiwakow zu.

»Und jetzt gib ihm die Hand«, forderte Romanow Schingarjow auf, »gib Murman die Hand!«

»Wir haben uns doch nicht gestritten«, antwortete Schingarjow.

»Fällt's dir schwer, ihm die Hand zu geben?«

Schingarjow schwieg.

»Ach, ihr Blödmänner.« Romanow wandte sich zum Fluß. Plötzlich knöpfte er sein Hemd auf. »Wer geht mit mir baden?« fragte er geschäftig.

»Ich laß dich nicht«, sagte Spiwakow.

»Das wollen wir mal sehen. Abwarten, wie's so schön heißt. Der alte Aufklärer wird baden. Er wird baden. So ist das. Ich hab genug von euch. Stoßt euch ohne mich eins aus, ihr Hammel. Ich schwimm weg«, sagte Romanow.

»Wohin denn?« fragte Spiwakow spöttisch.

»Weit weg. Ihr könnt euch hier eins ausstoßen, bis euch eine Ziege auf die Hörner nimmt. Oder eine Mücke. Oder ein Stier. So ein Stier mit großem Maul: Muhh!«

Schingarjow schlief als letzter ein.

Gegen Morgen schliefen alle, nur Schingarjow hielt sich noch wach: er rieb sich die Augen, schüttelte den Kopf, rauchte und lief auf und ab. Doch dann schlief auch er ein.

Sie schliefen rund um den verwüsteten »Tisch«. Ninidse lag mit dem Kopf auf seinem »Diplomatenkoffer« und hatte sich mit seiner Uniformjacke zugedeckt. Romanow war bis zum Gürtel nackt und schlief mit ausgebreiteten Armen auf dem Rücken; er stöhnte und knirschte mit den Zähnen. Rëutow lag zusammengerollt neben dem heiser röchelnden, erhitzten großen Spiwakow. Schingarjow schlief im Sitzen, den Kopf auf den Knien.

Im Morgengrauen regten sich die Pappeln, die die ganze Nacht geschwiegen hatten. Auf dem Fluß breiteten sich Kreise aus.

Ein warmer Regen ergoß sich auf die Stadt.

Der Regen trommelte auf die Flaschen, die Konservenbüchsen, die Streichholzschachteln, auf die dunkle Kruste eines Schwarzbrotes, auf »Diplomatenkoffer« und Mützenschirme; Zeitungen weichten auf, die darauf verstreuten Zigaretten wurden dunkel und quollen auf.

Ninidse zog sich ohne aufzuwachen die Uniformjacke über den Kopf. Rëutow schmiegte sich an Spiwakow. Sonst regte sich niemand.

Mars und der Soldat

1

Im Zimmer war es hell – in der Nacht hatte es geschneit. Der erste Schnee brachte immer Freude und Frische, aber heute fühlte sich der alte Mann schlecht. Er wachte auf, sah das weiße Moskau und dachte plötzlich, daß dieser erste Schnee sein letzter sein würde. Der Alte verscheuchte diesen Gedanken, den schwarzen Gedanken über den weißen Schnee, er zwang sich, an etwas anderes zu denken, aber etwas zehrte an ihm, quälte ihn und schmerzte. Dabei hatten die Schmerzen in dem alten Körper sich gelegt, das Herz schlug gleichmäßig, und der Kopf war klar, und doch war ihm beklommen zumute. Der Alte gähnte traurig und zog die buschigen Brauen zusammen.

Nach dem Frühstück saß der Alte im blauen Wolltrainingsanzug im Sessel, die schlaffen weißen Hände auf dem großen weichen Bauch gefaltet, und blickte mit tränenden Augen auf das weiße Moskau, auf sein riesiges weißes Moskau …

2

Sorokoputow rollte sich in der engen dunklen Grotte umher, und ihm wurde ein bißchen wärmer; er krümmte sich, zog die Knie an die Brust und erstarrte. Die auf dem Rücken zusammengebundenen Hände waren schwer und halb abgestorben. Ab und zu bewegte er die Finger, aber das Blut floß trotzdem zu langsam durch die zusammengepreßten Gefäße, die Hände wurden kalt und starben immer mehr ab. Sorokoputow wußte nicht, wie lange er schon in diesem steinernen Spalt zugebracht hatte, vielleicht einen Tag, vielleicht Tag und Nacht. Er hatte Durst und wollte rauchen.

Es war kalt. Sorokoputow lag zusammengerollt auf der Seite und vernahm gedämpften Gefechtslärm, der vor kurzem wieder eingesetzt hatte. Dumpf schlugen Granaten in den Bergen ein. Das gab ihm Hoffnung. Im übrigen hatte die Hoffnung ihn keinen Augenblick verlassen, er wußte von Anfang an, daß dies alles ein Wahnsinn und verrückt war, gleich würde er Hurra-Schreie hören, würde die schwere Platte angehoben, und geschickte hilfreiche Hände würden ihn aus diesem Verlies befreien, die Fesseln aufschneiden und ihm eine Zigarette anzünden. »Na, Sorokoputow, wie bist du denn hierhergeraten?« – »Weiß der Teufel, Männer. Ist eben irgendwie passiert. Wie im Traum.« – »Schon gut, Sorokoput, hast du zu Hause wenigstens was zu erzählen.«

Er wußte, das alles genauso enden würde. Er hatte so ein Gefühl, und sein gutes Vorgefühl hatte ihn noch nie getrogen. Alles würde gut werden, er mußte sich nur gedulden und warten.

Sorokoputow lag auf den Steinen, lauschte auf die Detonationen und wartete.

3

»Wie heißt es im Gedicht? Schnee ist wie Traubenkirschblüten, oder Traubenkirschblüten sind wie Schnee«, dachte der Alte im blauen Trainingsanzug, der durch das große Fenster die verschneite Stadt betrachtete. Wenn nur bald Frühling wäre. Wenn ich es nur noch erlebe. Er nahm einen Band seines Lieblings heraus. Wenn er traurig war, las er diese Gedichte besonders gern, obwohl er davon noch schwermütiger wurde. »Die würden alle das Maul aufsperren«, dachte er flüchtig. Er stellte sich »die alle« mit aufgesperrten Mündern vor – mit runden Hammelaugen blickten sie auf das Gedichtbändchen in seiner Hand. Er und dieser Dichter, der Vagabund, Skandalmacher, Weiberheld und Selbstmörder. Ja! Ich mag ihn! sagte der Alte zu ihnen allen in Gedanken und lächelte bitter. Er setzte die goldgefaßte Brille auf, schlug das Buch auf, blätterte langsam einige Seiten um und fand die Stelle mit dem Schnee und den Kirschblüten: »Schnee blüht auf Traubenkirschzweigen ...«

4

Alles wird gut, Hauptsache, ihn verläßt seine gute Vorahnung nicht. Hauptsache ... Ja, Hauptsache ... Was ist die Hauptsache? Na, eben ...

Sorokoputow hing an einem Ast über einem weit entfernten trüben Fluß, seine Hände waren gefesselt, er hielt den Ast mit den Zähnen fest; die Zähne lösten sich knirschend aus dem Kiefer, ausspucken konnte er sie nicht, also mußte er die harten Zähne hinunterschlukken. Gleich würde er sich nicht mehr halten können, in den Fluß fallen und sterben. Er stürzte ab, tauchte weich ins Wasser, spannte seine Arme an, die Fessel zerriß, und er schwamm los. Die Sonne schien, das Wasser war warm, am Ufer leuchteten an grünen Sträuchern große rote Blüten. Tief überm Wasser flogen unbeholfene Vögel, freundliche flauschige Vögel mit Frauenaugen, sie berührten ihn mit den Flügeln, und er lachte ...

Sorokoputow erwachte und glaubte, diesen Traum schon einmal geträumt zu haben. Oder nein, das hatte er wirklich erlebt. Ja, erlebt. Er hatte mit einem Freund Ende Mai am Dnepr geangelt, es war heiß, und sie badeten, und am Himmel flogen Möwen, schwebten Kraniche und Störche. Als sie genug gebadet hatten, lagen sie auf einer Landzunge im heißen gelben Sand. Abends saßen sie am Feuer, tranken Tee und hörten die Hechte plätschern, in der Nacht regnete es, und am Morgen blühten rings um ihr Zelt wilde Rosen.

Der Gefechtslärm kam näher. Ganz in der Nähe detonierten Granaten und hämmerte ununterbrochen ein schweres Maschinengewehr.

Was war dort? Tag? Nacht?

Hurra! Nun schreit doch schon »hurra!«, mäht die Muselmänner nieder und befreit mich, wo bleibt ihr denn, ihr Feiglinge!

Sorokoputow wartete.

Hauptsache, nicht den Glauben verlieren. Wer nicht an seinen Glücksstern glaubt, stirbt vor der Zeit. Er aber glaubt daran. Er weiß, daß eher die Sonne in Stücke zerfällt. Vor ihrer Zeit müssen die Ungläubigen gehen und die, die das Leben nicht verstehen und nicht wissen, was Glück ist. Er aber versteht es und weiß – das ist nächtlicher Regen und am Morgen erblühte wilde Rosen.

Sorokoputow zuckte zusammen, als er Stein knirschen hörte. Die Platte wurde beiseite geschoben, und grelles Licht fiel in die Grotte, als wären die Strahlen Dutzender Scheinwerfer darauf gerichtet. In die Grotte drang der Lärm von Feuerstößen und Explosionen. Sorokoputow sah und hörte nichts mehr. Hände packten ihn an den Beinen und zogen ihn aus dem steinernen Loch.

Er blinzelte und sah nichts. Dann vermochte er den klaren Himmel und weiße Gipfel zu unterscheiden und erblickte über sich Männer in langen Gewändern, mit Pelzwesten, wollenen Umhängen, Turbanen und Karakulmützen. Das Licht trieb ihm Tränen in die Augen, langsam rannen sie über seine schmutzigen Wangen. Über den Köpfen der Menschen mit den dunklen eingefallenen Gesichtern ragten vom ersten Schnee bedeckte Berggipfel. Die kalte Luft bebte von Explosionen und Schüssen.

Einer der Männer, ein breitschultriger Graubart, gab ihm ein Zeichen, er solle aufstehen. Sorokoputow erhob sich schnell. Zähneklappernd stand er da, auf zittrigen, eingeknickten Beinen, und sah dem Graubart in die Augen, müde, dunkle und feuchte Augen. Sorokoputow blickte voller Hoffnung auf sie.

Der Graubärtige nickte, von links und rechts wurden Salven abgegeben, ein Feuerwind blähte Sorokoputow die Brust, er fiel auf den Rücken, drehte sich auf die Seite, krümmte sich und zuckte mit den Beinen im frischen Schnee; er schrie, und rote Blasen drangen aus seiner Nase.

5

Der alte Mann im Sessel am Fenster las Gedichte. Über eine Hündin und ihre Jungen, über eine Kuh und ihr Kalb, über den Ahorn, der seine Blätter verliert, über Hütten mit blauen Fensterläden, über die vergangene Jugend, verblühte Kirsch- und Apfelbäume. Er seufzte und bewegte die jugendlich schwarzen Brauen. Der alte Mann blätterte mit seinen dicken weißen Fingern noch eine Seite um, er vertiefte sich in ein neues Gedicht, sein schweres, großporiges Gesicht zuckte:

Wir sterben,
Gehen in Stille und Trauer,
Doch ich weiß,
Rußland …

Der alte Mann preßte die Lippen aufeinander und zog die Brauen zusammen. Er las weiter:

Doch ich weiß,
Rußland vergißt uns nicht …

Die herabhängende Unterlippe des alten Mannes zitterte, der Unterkiefer begann zu beben, dann der Kopf, und eine schwere salzige Träne tropfte auf die Buchseite.

Ein schneeverwehtes Haus

Es war Herbst, Nebel hüllte den Garten morgens ein, es regnete, und die Vögel schwiegen. Menschen, Bäume, Hunde und die stummen Vögel warteten – jeden Tag mußte der erste Schnee fallen. Die Frau aber wartete auf ihren Mann.

Die Frau lebte in einem Holzhaus mit orangefarbenem Dach, das von einem kahlen und knorrigen, im Wind tanzenden Garten umgeben war. Das Haus mit dem orangefarbenen Dach stand zusammen mit anderen einstöckigen Holz- und Ziegelhäusern am Rande einer Betonstadt. Aus einem Fenster konnte sie den Zwiebelturm der alten Johanniskirche sehen, umrahmt von schwarzen Lindenzweigen war das ein angenehmer Anblick. Aber sie sah selten aus diesem Fenster, öfter und lieber saß sie am gegenüberliegenden, das nach Südwesten zeigte. Von hier aus sah sie die Straße, die der Mann entlangkommen würde, der im Orient kämpfte.

Das Haus hatte zwei Zimmer mit grünen Tapeten, eine Küche und einen weißen Ofen. Im Wohnzimmer hing eine Reproduktion von Vincent van Goghs »Roten Weingärten in Arles« an der Wand – zwischen purpurroten Büschen pflückten Frauen Wein, und auf dem Weg, der durchsichtig war wie ein Fluß, lief ein Mann, hinter ihm hing tief über der Erde die Sonne. Das Bild flößte der Frau Angst ein – diese unheimliche purpurrote Farbe und der schwarze Mensch auf dem Weg. Die Frau vermied es, das Bild anzusehen, aber das Bild zog ihre Blicke auf sich, und dann wurden der Frau Arme und Beine weich. Sie hätte das Bild gern abgenommen, doch es war das Lieblingsbild des Mannes, und die Frau hatte aus irgendeinem Grund Angst, es abzuhängen. Auch das Hemd, das der Mann vor dem Krieg getragen hatte, wusch sie zwei Jahre lang nicht. Überhaupt war sie in diesen zwei Jahren abergläubisch geworden. Sie dachte, ich bin eine abergläubische dumme Ziege, und lächelte schief, aber trotzdem betete sie. In der Schule führte sie mit den Kindern atheistische Gespräche, zu Hause flüsterte sie, den Blick nach Osten gewandt, ein selbsterdachtes Gebet: »Gott, Gott, liebster, bester, guter und zärtlicher, geliebter Gott, ich liebe dich und bitte dich, Gott, Gott, Gott.« Sie wagte sich nicht vorzustellen, was passierte, könnten ihre Schüler oder ihre Kollegen ihr Gebet hören. Wenn sie daran dachte, wurde sie blaß, und ihr Gesicht bedeckte sich mit roten Flecken. Sie wußte, daß es keinen Gott gab, sondern nur alle möglichen chemischen Prozesse, Evolutionen und einige seltsame Dinge, die die Wissenschaft bisher nicht erklären konnte, aber bestimmt eines Tages erklären würde. Und sie war überzeugt, daß niemand, kein guter Gott ihr Gebet hörte und ihr Gebet den Mann, der im Orient kämpfte, nicht retten würde – sie flüsterte hier am Ostfenster, und währenddessen war im Wehrkreiskommando schon das Telegramm angekommen, war schon die Einladung ins Wehrkreiskommando an sie abgeschickt, um ihr feierlich mitzuteilen: »Ihr Gatte ...« Und die Metallkiste war schon im Flugzeug, und das Flugzeug brummte schon über Rußland. Das alles wußte sie sehr gut. Doch eines Morgens war sie aufgewacht und hatte weinend geflüstert: »Gott, Gott, Gott, ich liebe dich und bitte dich«, und seitdem war ihr das zur Gewohnheit geworden.

Ein kurzer Brief traf ein. Der Mann schrieb, das sei der letzte Brief, jeden Tag müsse der Hubschrauber ins Regiment kommen und sie abholen, jetzt sei bloß kein Flugwetter, aber es würde nicht mehr lange dauern.

Es war Spätherbst, die eisigen Nebel rochen nach Schnee.

Die Frau erwachte sehr früh. Sie stand auf, um sich zu frisieren. Wenn sie sich gewaschen und gefrühstückt hatte, setzte sie sich vor den Spiegel, breitete auf dem Tischchen Tuben, Schachteln, Kamm und Fläschchen aus und begann, sich das helle, nicht sehr dichte kurze Haar einzudrehen und zu legen. Der zottige graue Kater streckte sich, kam mit aufgestelltem Schwanz zu ihr, schnurrte zärtlich und rieb sich an ihren nackten Beinen, die eine Gänsehaut bekamen.

Früher hatte sie das Haar im Nacken mit einem Gummi zu einem Pferdeschwanz zusammengebunden, jetzt kam sie mit raffiniert toupierter Hochfrisur auf dem Kopf in die Schule, und die männlichen Kollegen dachten bei sich: Donnerwetter; sahen sie mit ganz neuen Augen und bemerkten, daß sie blutjung war, einen weißen Hals, zartrosa Lippen, schöne Beine und Arme hatte, und wenn sie lief ... Es war besser, ihr nicht lange hinterherzusehen, wenn sie lief. Und sie erinnerten sich, daß ihr Mann bei der Armee war.

Sie war eine gewöhnliche junge Frau, wie es Hunderte, ja Tausende gibt, aber nun sollte ihr Mann zurückkommen, und plötzlich hatte sie sich verändert – der glatzköpfige Russischlehrer Boris Saweljewitsch blickte ihr verwundert nach, sein Mund wurde trocken, und durch seinen Kopf rasten wie schwere Güterzüge wilde Gedanken. Der Sportlehrer, ein Mann der Tat, kein Träumer, flirtete in den Pausen mit ihr und fragte, ob er ihr Holz hacken solle. Auch die Schüler glotzten sie natürlich an, strichen sich mechanisch über den spärlichen Schnurrbart, polkten an den Pickeln auf der Stirn und malten sich in ihrer Phantasie nicht weniger wilde Bilder aus als Boris Saweljewitsch. Die Frauen der Schule waren schockiert und gekränkt. Der Sportlehrer, der Russischlehrer, der Werklehrer und der Wehrerzieher ignorierten sie, starrten, wie von einem starken Gift berauscht, mit glänzenden Augen nur noch diese Frau an und sagten ihr anzügliche, angenehme und zweideutige Dinge. Was war bloß passiert? Nichts weiter. Keine neuen Kleider, kein Lippenstift, keine Wimperntusche, alles war wie immer, bis auf die Frisur.

Die Direktorin formulierte die Veränderung bei sich so: stark ausgeprägte Sexualität. Das war schlecht. Das übte einen schlechten Einfluß auf das moralische Klima aus. Es mußten Maßnahmen ergriffen werden. Nur welche? Stark ausgeprägte Sexualität kam in keinem Verbotsparagraphen vor. Die Direktorin betrachtete ihre Untergebene genau und fand keinen einzigen Verstoß gegen die Norm: Der Rock war keusch genug, der Pullover undurchsichtig, übermäßig geschminkt war sie auch nicht. Die Frisur? Die Direktorin war auch frisiert, trug auch eine toupierte Hochfrisur, alle trugen toupierte Hochfrisuren, herausfordernd war also eher ihre frühere Frisur gewesen, der einfache Pferdeschwanz, die jetzige fügte sich ins allgemeine Bild. Es war beim besten Willen nichts Außergewöhnliches an ihr auszumachen; trotzdem, ein Blick auf sie genügte, um festzustellen: Sie war sexy und gefährlich!

Die Frau, die ihren Mann aus dem Orient erwartete, bemerkte weder die kalte Verachtung der Schuldamen noch die Bewunderung der pickligen Beinahemänner oder das Flirten der Casanovas – des muskulösen Sportlehrers, des vertrockneten und zerknitterten Wehrerziehers, des verträumten Glatzkopfs Boris Saweljewitsch und des dicken Werklehrers mit dem Glasauge links. Sie wartete.

Wenn sie aus der Schule kam, heizte sie den Ofen, wärmte in zwei Eimern Wasser, wischte mit warmem

Wasser den Fußboden, fuhr mit einem feuchten Lappen über die Möbel, putzte und scheuerte noch irgend etwas, obwohl im Haus längst alles blitzte. Der Kater folgte ihr von einem Zimmer ins andere und betrachtete alle ihre Vorbereitungen spöttisch; überhaupt sah er alles skeptisch; er hatte kluge Augen, dichtes helles Fell im Gesicht, das wie ein Backenbart aussah, er war satt, träge und buschig.

Die Frau war bemüht, nicht zu den »Roten Weingärten« zu sehen, was ihr auch eine Weile gelang, doch schließlich klebten ihre Augen wieder an dem Bild. Sie betrachtete es aufmerksam und sagte sich: Na und? Na und, es ist Herbst, die Weinblätter sind rot, Frauen pflücken Trauben in Körbe, in der Ferne scheint die Sonne, und auf dem flußähnlichen Weg läuft ein gewöhnlicher Nichtstuer, ein Vagabund – die Menschen arbeiten, und er läuft so vor sich hin, die Hände in den Taschen, und pfeift sich wahrscheinlich eins, bestimmt hat er kein Zuhause, keine Familie, und er weiß nicht, wohin der Weg führt, das ist alles. Ehrlich gesagt, es ist schwer zu verstehen, was der Mann an diesem Geckleckse findet. Ein verrückter Maler hat einfach Farben auf eine Leinwand geschmiert, und nun rufen alle ah und oh! … Wenn er zurückkommt, werde ich ihm sagen, daß dieses Gekleckse mir nicht gefällt, weiß Gott, das werd ich ihm sagen … Gott, Gott, Gott, du geliebter, großer guter und zärtlicher, ich liebe dich und bitte dich …

Nein, nicht gleich, das Bild war mir ja nicht gleich unsympathisch, erst war es mir gleichgültig, aber dann schrieb er im Herbst in einem Brief von roten Weinblättern hinter einer durchschossenen Wand, und da … Und dieser Vagabund war gar kein Vagabund mehr, er war ein Bote und wußte genau, wohin er ging … Ach, Unsinn!

Dann nahm sie den zweiten Eimer vom Herd, verschloß die Tür, zog die Vorhänge zu und wusch sich in einer großen Schüssel. Wenn sie sich gewaschen hatte, rieb sie sich mit einem weichen, großen Handtuch trocken, ging aus der Küche ins Zimmer und blieb vor dem großen Spiegel in der Ecke stehen. Sie betrachtete sich, drehte sich, klopfte sich auf den straffen Bauch, der noch kein Kind ausgetragen hatte, und versuchte sich mit den Augen des Mannes zu sehen, der im Orient schon nicht mehr kämpfte, sondern wartete, bis das Wetter aufklarte und ein Hubschrauber kam. Er sitzt dort im Orient in einem gummierten Zelt mit Kanonenofen zusammen mit irgendwelchen finsterblickenden braungebrannten breitschultrigen Freunden, raucht und schweigt oder redet bedächtig mit seiner tiefen Stimme. Er erzählt, daß er ein Haus hat mit einem orangefarbenen Dach, einem Ofen, einem Kater und einer Frau.

Wenn sie gegessen hatte, setzte sie sich an das Südostfenster, korrigierte Hefte und bereitete sich auf den Unterricht am nächsten Tag vor. Sie saß da, den Kopf über den Tisch gebeugt, und hörte, nein spürte, wenn jemand die Straße entlangkam; ihr wurde kalt, und schwer atmend hob sie den Blick der schmalen Augen mit den kurzen farblosen Wimpern und sah hinaus. Tatsächlich kam jemand die Straße entlang, eine Taschen schleppende Frau, der alte Mann von nebenan mit der zerschlissenen Wintermütze und einem Tragejoch auf den Schultern, ein kleiner Junge, ein Betrunkener, ein aufgetakeltes Mädchen, oder ein Hund ging seinen unaufschiebbaren Hundeangelegenheiten nach. Der Garten war schwarz und kahl; Regen rann über die rauhen Taillen der Apfel- und Pflaumenbäume. Regen, Regen, tropf, tropf, trippeltropf; aber die Erde war schon nässedurchtränkt und nahm das himmlische Wasser nicht mehr auf, es stand in jeder Mulde und Furche, und seine Rinnsale sammelten sich zu einem Fluß. Regen, Regen, tropf, tropf, trippeltropf.

Der Kater döste bei Regen auf dem Sofa. Er fühlte sich wohl, er erinnerte sich nicht an den Mann, der jetzt im Orient kämpfte, er wartete auf niemanden.

Aber jetzt kämpft er ja nicht, nein, jetzt kämpft er nicht, dachte die Frau, die ihre Hefte und den morgigen Unterricht vergessen hatte, jetzt sitzt er im Zelt, und auf das Zelt trommelt Regen. Er denkt an mich und daran, daß er das Dach von weitem sehen wird, es ist ein auffälliges Dach, er hat es vor dem Krieg gestrichen, orange, die schönste Farbe der Welt, die Farbe des Glücks. Gott! Wenn du meine Bitte erfüllst, schwöre ich, meinen Schülern nie wieder zu erzählen, du existierst nicht, wenn du willst, gebe ich die Schule auf, um das niemals mehr bekämpfen zu müssen, gehe jeden Tag in die Kirche zuhören, wie die Popen singen, und stelle brennende Kerzen vor den Ikonen auf – nur mach, daß er wiederkommt, ich bitte dich.

Gegen Abend dröhnten ihr die Ohren vom Regen, und die Augen haßten die Straße und die Passanten. Sie gab dem Kater zu fressen und ließ ihn hinaus, dann aß sie Abendbrot, nur Tee und Zwieback, mehr brachte sie nicht hinunter; nach dem Abendbrot schloß sie die Tür ab, löschte das Licht, zog sich aus und legte sich schlafen. Reglos lag sie da, atmete ruhig und lauschte. Lange konnte sie nicht einschlafen. Sie lag und lauschte. Sie hatte Angst, und ihre Füße waren kalt. Es war warm im Haus, aber ihre Füße waren kalt. Seit der Mann im Orient war, hatte sie immer kalte Füße im Bett. Ihr schien, als stünde das Haus mitten im Wald und jemand schliche draußen herum, klopfte mit Krallen ans Fenster oder kratzte an der Tür.

Ob es wirklich Frauen gibt, die ihr ganzes Leben ohne

Mann sind? fragte sie sich. Es ist doch nicht schön allein, und im Bett sind die Füße kalt.

Die Chinesen sagen ... Woran habe ich eben gedacht? Ach ja, an den toten Jungen, erinnerte sie sich, während sie mit offenen Augen im dunklen Zimmer lag.

Vor einem Jahr war sie am Morgen aus dem Haus gegangen und hatte im Graben vor dem Nachbarhaus einen Menschen liegen sehen; es war ein Halbwüchsiger mit hellem Haar, er hatte schmale Schultern und lange Beine, seine Jacke war schmutzig.

Die Welt war immer bedrohlich gewesen; das hatte sie gespürt, als sie anfing, etwas zu begreifen, später hatte sie es gewußt. Die Welt war auch dann bedrohlich, wenn der Mann bei ihr war, ja. Doch er hatte kräftige Schultern und starke Fäuste, einen ruhigen Blick und eine selbstbewußte tiefe Stimme – zwischen ihr und der Welt war er. Dann war er in den Orient gebracht worden, und die Welt war auf sie eingestürmt und bedrängte sie.

Und die Chinesen ... Was war mit den Chinesen? Die Chinesen sagen, Yin und Yang, alles Existierende teilt sich in Yin und Yang, das weibliche und das männliche Element. Yang, das ist alles Starke, Strahlende, Sonnengleiche. Yin, das ist alles Schwache und Matte, Mondgleiche. Mein Gott, wie wahr. Selbst wenn sie allein schlief, war ihr kalt, als flösse nicht Blut in ihr, sondern wirklich Mondlicht. Gott, Gott! Gib mir Yang zurück!

Anderthalb Wochen waren seit seinem letzten Brief vergangen. Die Frau putzte jeden Tag das Nest, jeden Morgen schmückte sie ihren Kopf mit toupierter Hochfrisur und Ringellöckchen, die Don Juans der Schule liefen ihr weiter nach wie die Ratten der Zauberflöte von Nils. Nicht mehr lange, und der erste Schnee würde fallen; Menschen, Hunde, Bäume und Vögel warteten darauf. Die Frau im Haus mit dem orangefarbenen Dach aber wartete auf ihren Mann. Sie war Yin, und nachts waren ihre Füße eiskalt.

Am Montagmorgen flogen endlich dicke Flocken; die Erde hob sich vom schwarzen Himmel ab und leuchtete matt. Es schneite.

Die Frau hatte an diesem Tag keinen Unterricht, dennoch stand sie früh auf und sah, daß sich der Himmel von der Erde gelöst hatte. Sie warf sich einen Männerhalbpelz über und trat auf die Vortreppe. Der Kater, der sich die ganze Nacht herumgetrieben hatte, mauzte heiser auf und huschte ins Haus. Der Schnee fiel in dicken Flocken. Sie schwebten hinab und blieben in den Ästen der Apfel- und Pflaumenbäume hängen, platschten in die Pfützen, klebten am orangefarbenen Dach, bedeckten den matschigen, glitschigen Weg und verliehen Dächern mit Schornsteinen, Bäumen, Furchen und Holzstapeln runde, weiche Formen. Plötzlich stockte der Frau das Herz, benahm es ihr den Atem, und für einen Moment verspürte sie eine unheimliche Leichtigkeit, als hätte sie von der Treppe abgehoben und hinge in der Luft. Das verging sofort. Mit brennendem Gesicht kehrte die Frau ins Haus zurück. Sie wußte: Heute!

Der Kater miaute launisch: »Mah! Miau! Mah!«, und die Frau gab ihm zu fressen. Sie selbst wollte nichts essen, sie trank etwas kalten Tee und kaute einen Bonbon.

Im Ofen knisterte schon das Feuer, auf dem Herd standen die Wassereimer. Die Frau schaltete überall das Licht an und betrachtete aufmerksam die Zimmer. Sie machte das Bett, stapelte Hefte und Bücher auf dem Tisch, wischte die Fußböden. Ihr Gesicht brannte, das Herz hämmerte dröhnend; ihr schwindelte.

»Was ist mit mir?« fragte sie sich plötzlich laut und dachte: Was ist mit mir? Vielleicht nicht heute, wieso denke ich … vielleicht morgen … oder übermorgen oder in drei, vier Tagen.

Aber ihr Gesicht glühte, das Herz pochte wie nach einem langen Lauf, und von Zeit zu Zeit schwanden ihr die Sinne. Draußen fiel Schnee, weiß und in großen Flocken. Im Ofen loderte das Feuer. Es loderte festlich, irgendwie anders als sonst; alles war anders als sonst, selbst der Vagabund auf van Goghs Bild schritt auf dem flußähnlichen Weg fröhlicher aus, und die Frauen mit den gewaltigen Hinterteilen pflückten munterer den Wein und legten ihn in die Körbe. Die Frau wusch sich und parfümierte sich mit einem grünen Duftwasser, zog ein Kleid an und frisierte sich.

Langsam wurde es hell. Zu langsam. Die Frau wußte nicht, was sie tun sollte. Alles war fertig, das Haus mit dem orangefarbenen Dach erwartete den Hausherrn aus dem Orient – es wartete die Vortreppe, der Ofen, es warteten die Zimmer, und die französischen Weinleserinnen beeilten sich, bis zu seiner Ankunft alle Trauben zu ernten.

Es war hell geworden. Immer noch schneite es. Die Erde war weiß und sanft, sanft und weiß waren die Dächer, die Zweige der Apfel- und Pflaumenbäume, die rundlichen Hügel mit den winzigen Häuschen und den kleinen Gärten hinterm Fluß und die Kuppel der Johanniskirche, nur die Zäune und Mauern hoben sich traurig schwarz ab.

Die Frau lief durchs Haus, bückte sich und streichelte zerstreut den Kater. Sie nahm ein Buch vom Regal, blätterte darin, las, ohne etwas zu erfassen, ein paar Zeilen, klappte das Buch wieder zu und stellte es zurück. Es war zehn. Draußen schneite es immer noch.

Vielleicht sollte sie Eierkuchen backen? Nein, die werden kalt, und aufgewärmt schmecken sie nicht. Ob sie sich die Lippen schminkte? Nein, er mochte es nicht, wenn sie sich die Lippen anmalte. Aber vielleicht mochte er das jetzt? Und wenn nicht? Die Frau schminkte sich vorm Spiegel die Lippen. Sie lächelte. Nein, das war zu grell. Sie wischte die Lippen vorsichtig mit Watte ab. Jetzt war es ganz gut.

Draußen schneite es.

Sie hatte das Gefühl, daß er nicht jetzt kommen würde. Weder um elf noch um zwölf würde er kommen, sondern in drei oder in sechs Stunden, jetzt jedenfalls nicht, daß er so bald käme, das konnte nicht sein.

Um zwölf ließ der Schneefall nach, die Luft wurde rein, klar und frostig, doch der Himmel wurde nicht blau, er blieb grau. Die Welt war frisch und weich.

Die Frau lächelte – sie hatte eine Beschäftigung für sich gefunden. Sie zog ihr Kleid aus, streifte Trainingshose und Pullover über, setzte die gestrickte Skimütze auf, nahm Handschuhe und ging nach draußen. Von dem blendenden Weiß mußte sie blinzeln, sie lief durch den Schnee zum Schuppen, schloß die Tür auf und holte eine Holzschaufel heraus.

Sie säuberte die Wege. Der Schnee war leicht, aber es war viel gefallen; die Frau geriet außer Atem, und ihr Gesicht rötete sich. Sie schippte den Schnee von den Wegen und dachte: Ein weißer Festtag. Und: Schön wär's, wenn er jetzt käme –meine Wangen sind rot, ich fühle mich frisch, und er würde mich so frisch in diesem frischen Garten sehen. Schade nur, daß der Schnee das orangefarbene Dach zugedeckt hat.

Aber weder in dieser noch in einer anderen Minute, die sie mit der Schaufel im Garten zubrachte, kam er.

Als die Frau alle Wege freigeräumt hatte, ging sie widerstrebend ins Haus. Auf der Vortreppe blieb sie stehen, drehte sich um, warf einen Blick auf den Garten. Auf dem hinteren Apfelbaum saß ein graublauer Vogel. An dem hinteren Baum hingen ein paar verfaulte verschrumpelte kleine Äpfel, und der graublaue Vogel pickte daran. Die Frau regte sich nicht. Der Vogel ähnelte einer Taube, war aber zierlicher. Die Frau beobachtete den rauchgrauen Vogel und versuchte sich an seinen Namen zu erinnern. Der Gast aus dem Wald drehte den Kopf, reckte den Hals, pickte an der schwarzen Frucht und sah sich ängstlich um. Nichts geschah, niemand schlich sich durch den Garten heran, und der Vogel pickte schon furchtloser an dem Apfel, noch einmal und noch einmal. Lautlos war ein zweiter Vogel aufgetaucht und hatte sich auf demselben Apfelbaum niedergelassen, und als der erste Vogel einen kehligen Laut ausstieß, fiel der Frau ein, wie diese Vögel hießen: Turteltauben. Wieder wurde der Frau schwindlig und ihr Körper gewichtslos. Heute. Vielleicht jetzt gleich.

Es war zwei Uhr nachmittags. Die Turteltauben waren weggeflogen, der Garten war leer. Nur selten kam jemand die Straße entlang: Männer, Frauen, Kinder und alte Leute, alle widerlich fremd.

Als es Abend geworden war, briet die Frau auf dem Elektroherd Kartoffeln vom Vortag und wärmte sich Tee auf. Die Kartoffeln brachte sie nicht hinunter – sie kostete und deckte die Pfanne wieder zu. Sie trank eine Tasse Tee und aß etwas Weißbrot mit Butter. Weder abends um sieben noch um zehn noch um ein Uhr nachts knarrte die Vortreppe unter den Schritten eines Mannes. Die Frau löschte das Licht, zog sich aus und legte sich schlafen. Die Wollsocken behielt sie an, damit die Füße nicht froren, aber auch in den dicken Socken blieben sie kalt, auch ihr Gesicht war kalt, und ein paar warme Tropfen rannen darüber.

Am Morgen erwachte sie mit nüchterner Klarheit und dachte, heute nicht. Sie hatte auch etwas geträumt, das ihr sagte, heute nicht. Aber sie frisierte sich trotzdem. Sie frühstückte und gab dem Kater zu fressen.

Als sie die Hefte zusammenpackte, sah sie durchs Fenster die Postbotin am Zaun entlanggehen, in Wattejacke und Tuch gehüllt, die Tasche an der Seite. Die Postbotin blieb an der Gartenpforte stehen, steckte Zeitungen und ein Kuvert in den flachen Metallkasten und lief ohne Eile den matschigen, schmutzigen Weg weiter.

Die Postbotin hat nur die Zeitungen gebracht, dachte die Frau langsam. Und in dem Kuvert ist ein Brief von einer Freundin, dachte sie zögernd und blickte gebannt aus dem Fenster auf den blauen Briefkasten.

Sie stand auf. Lief die Vortreppe hinunter und durch kalten Nebel den rutschigen Weg zum Briefkasten, der an schwarzen Zaunkreuzen hing.

Da hat mir einfach jemand einen Brief geschrieben. Nichts weiter. Nichts weiter, dachte sie, und ihr wurde schwindlig.

Sie nahm die Zeitungen und den Brief aus dem Kasten.

Falten durchfurchten die grau werdende Gesichtshaut, die Ader an der Schläfe schwoll an, unter den Augen bildeten sich dunkle Ringe – eine affengesichtige Frau öffnete das Kuvert.

Der gelbe Berg

Es war trocken, warm und gelb. Der Körper fühlte sich leicht. Eine merkwürdige, in die Erde gewachsene Frau gab ihm rote Beeren zu essen. Etwas Puschliges, Weißes schmiegte sich an seine Wange, etwas Warmes und Schweres.

Eine Detonation krachte.

Prjadilnikow schrie auf und erwachte. Er setzte sich im Bett auf, rieb sich die Augen, blickte sich um und begriff, daß er in seiner Einzimmerwohnung geschlafen hatte und vom Schrillen des Weckers aufgewacht war. Er setzte die Füße auf den Boden, ging zum Tisch und schaltete das Tonbandgerät ein. Morgens hörte er immer Rockmusik. Auch an diesem Morgen. Das machte ihn munter wie starker indischer Tee oder kräftiger brasilianischer Kaffee. Er zog die Stores auf. Die Sonne schien. Ein warmer russischer Frühherbst.

Prjadilnikow ging barfuß zur Toilette, dann ins Bad. Nachdem er sich gewaschen hatte, ging er in die Küche, nahm drei Eier aus dem Kühlschrank und zündete unter dem Teekessel und der Pfanne das Gas an. Als die Pfanne heiß war, gab er ein Stückchen Butter hinein, die zerlief schnell, und er ließ die drei Eier in die schäumende gelbe Pfütze gleiten – blaßgelbe gewölbte Dotter auf durchsichtigem Glibber.

Nur in Turnhosen setzte sich Prjadilnikow an den Tisch, aß die Spiegeleier und drei Stullen und trank zwei Gläser bitteren rubinroten Tee. Nach dem Frühstück kehrte er ins Zimmer zurück, nahm Aschenbecher, Streichhölzer und Zigaretten, legte sich ins Bett und zündete sich eine Zigarette an.

Über seinem Gesicht ringelten sich graublaue Locken.

Die Rockmusik hämmerte: Komm mit, bei uns ist alles einfach. Das Schwarze ist schwarz, das Weiße weiß, es ist besser, mit einer Freundin und einer Dose Bier auf der Wiese zu liegen, als die Spiele der erwachsenen Idioten zu spielen, es ist besser, bettelarm zu sein, aber niemanden zu belügen, sich niemandem unterzuordnen und niemandem zu befehlen, wir raten dir, liebe dich selber und deine Freundin und das Bier und hindere die anderen nicht, das gleiche zu tun; das ist besser, als über die Liebe zur gesamten Menschheit zu reden und zu fordern, daß alle einander lieben sollen, nur sich selber nicht, daß sie die Idee und die Pflicht über alles stellen; das ist besser, als zu fordern, zu reden, zu richten und von Zeit zu Zeit ein Blutbad zu veranstalten, auf daß die menschenfreundlichen Ideen triumphieren, glaube nichts, glaube niemandem, glaube nie, mein Freund, glaube nicht.

Nikotin und Rockmusik gingen ins Blut, Prjadilnikow war high.

Glaube nicht, nein, glaube nicht ...

Genau die richtige Stimmung. Sie ist nur selten gut. Ewig zickt sie. Nichts paßt ihr. Aber heute haut alles hin. Weshalb?

Ob er was geträumt hat?

Ja, sieht so aus.

Er muß sich erinnern. Aber später, später. Erst mal Rockmusik.

Prjadilnikow blickte auf die Uhr. Es war Zeit. Er stand auf, zog Jeans, einen schwarzen Pullover und leichte Wildlederschuhe an. Dann betrachtete er sich im Spiegel. Nicht übel. Er sah frisch aus. Leicht hinkend verließ er die Wohnung.

Vor der Haustür stand sein »Panzerspähwagen« – ein sandfarbener Saporoshez. Prjadilnikow wischte mit einem Lappen die trüben Scheiben, stieg ein, drehte den Zündschlüssel herum, ließ den Motor warmlaufen, legte den ersten Gang ein und fuhr los. Der »Panzerspähwagen« irrte durch steinerne Labyrinthe, kam auf eine breite Straße und glitt an Haltestellen und Menschenmengen, Geschäften und Restaurants vorbei. Prjadilnikow schaltete das Radio ein, drehte an der Abstimmung und stieß auf Rockmusik. Sie hämmerte immer ein und dasselbe: Wenn du von den Reden und Aufrufen der Dickwänste mit Zylinder noch nicht übergeschnappt bist, dann komm zu uns, wir gehen nirgends hin, weil es nicht lohnt, und wir tun nicht so, als gingen wir irgendwohin und kämen zu guter Letzt irgendwo an, wir treten auf der Stelle, uns ist's egal, wer du bist – ein Roter oder Schwarzer, Linker oder Rechter, Christ oder Buddhist, Gottloser oder Anarchist, du bist ein Mensch, und das ist genug, damit ist alles gesagt, du bist zu uns gekommen, also hast du die menschenfreundlichen Märchen satt, die mit deinem und meinem Blut geschrieben wurden, sollen die doch einander die Zylinder und die Köpfe einschlagen, wir gucken in die Sonne, küssen unsere Freundinnen und hören Rockmusik, die uns vereinende Rockmusik, unsere Ideologie und Religion – Rockmusik!

Schön und gut, dachte Prjadilnikow. Bloß naiv, Jungs. Die Kerle mit Zylinder kriegen sich mir nichts, dir nichts in die Wolle, schimpfen einander Idioten und schicken euch die Einberufung.

Und ihr kommt nicht drum herum, ihr müßt die Ehre der Zylinder verteidigen und eure Rock-Brüder umbringen.

Er fuhr auf den Parkplatz und bedauerte, heute hierhergekommen zu sein, stellte seinen »Panzerspähwagen« zwischen schwarzen und grauen Wolgas ab und humpelte zu dem Haus mit den Säulen. Ich hätte nicht herkommen sollen, dachte er wieder.

Gesetzte Männer in Anzug und Schlips betraten das Gebäude, nickten würdevoll und gaben einander die weiche weiße Hand; auch Frauen gingen hinein, alle uniform gekleidet – à la Eiserne Lady aus London.

Im Säulenhaus waren im dritten Stock, unter den Fittichen und dem wachsamen Auge der Gebietsbehörden, die Redaktionen zweier Zeitungen, der Partei- und der Jugendzeitung, untergebracht. Mitarbeiter der letzteren war auch der kettenrauchende hinkende abgezehrte junge Mann namens Prjadilnikow. Seit einem Jahr kam er jeden Morgen in dieses Haus. Er hätte sich allmählich eingewöhnen müssen. Aber er konnte es nicht. Kaum war er in dem geräumigen Vestibül mit den Spiegeln, Schuhputzautomaten und den beiden Milizionären, die an einem Tischchen mit schwarzen und weißen Telefonen saßen, fühlte er sich unbehaglich, als wäre er ungebeten zu einem Festschmaus erschienen, obendrein zu einem Festschmaus von Ausländern. Er ging an den Milizionären vorbei und blickte beiseite. Ihnen hoheitsvoll zuzunicken, hatte er nicht gelernt, und freundschaftlich – das brachte er nicht über sich.

Hier waren zwei Aufzüge, der eine führte zu den Arbeitszimmern im rechten Flügel, der andere zu denen im linken. Er mußte nach links, entdeckte aber zwischen den Linksflüglern ein bekanntes rundes Gesicht und wandte sich nach rechts. Zum Teufel mit diesem Sektorenleiter. Eine Klette. Die Presse des gesamten Gebietes stand unter seiner Kontrolle. Angefangen hatte er als Parteisekretär im Kolchos »Zwanzig Jahre ohne Ernte« oder so. Nun war er Sektorenleiter.

Eines Tages, kurz vor dem 23. Februar, hatte er Prjadilnikow vorgeschlagen, auf einer Festveranstaltung zu reden. Prjadilnikow hatte abgelehnt: »Ich kann nicht reden, weiß nicht, was ich sagen soll, nein.« Der Sektorenleiter wollte ihm weismachen, wie wichtig das sei, und legte los: Unser Volk lebt so viele Jahre unter friedlichem Himmel, aber dir und deinen Altersgenossen ist es zugefallen ... äh ... zugefallen ... das heißt, die Umstände haben sich so gefügt, daß ihr ... daß euch die internationale Pflicht gerufen hat, mit der Waffe in der Hand die Frühlingsrevolution unseres brüderlichen Nachbarn im Süden zu verteidigen, und ihr habt diese Hilfe geleistet, du könntest mit deinem Orden kommen, damit wir uns dran freuen und uns davon überzeugen, daß wir würdige Nachfolger haben. Traditionen, Internationalismus. Spanien, die Helden der Revolution, die südlichen Grenzen, die Amerikaner schlafen nicht, und wenn irgendwo was frei herumliegt, sind sie zur Stelle und grapschen zu, aber ihr habt nicht zugelassen, daß diese Geier und Habichte die junge Revolution zerfleischen. Terror, Banditen, Anschläge, Kühnheit, Ehre, die russische Waffe, wir sagen ja, ja, ja zum Sonnenhimmel und nein, nein, nein zur Atomexplosion!

»Ich hab den Orden in Reparatur gegeben«, sagte Prjadilnikow! Der Chefredakteur zeigte ihm hinter dem Rücken des Sektorenleiters die Faust. »Was soll das heißen?« fragte der Sektorenleiter verwundert. Die Redaktion schwieg belustigt. Der Chefredakteur schnitt greuliche Grimassen hinter dem Sektorenleiter. »Ich hab das Gewinde vermurkst«, sagte Prjadilnikow. »Ich hab ihn so oft angelegt.« – »Dann redest du eben ohne Orden«, schnitt ihm der Chefredakteur das Wort ab. »Er wird reden, Demjan Wassiljewitsch.«

Aber Prjadilnikow ließ sich am nächsten Tag von der Abteilungsleiterin, seiner Vorgesetzten, eine Arbeit geben und verschwand für den ganzen Tag. Seitdem sprach ihn der Sektorenleiter jedesmal an, wenn er ihn sah, klopfte ihm auf die Schulter und sagte: »Junger

Mann, ich glaube, du siehst nicht ganz durch, natürlich, du warst sozusagen unmittelbar beteiligt, aber aus dem Schützengraben siehst du nur *ein* Schlachtfeld, und selbst wenn du alle Schlachtfelder siehst, reicht das nicht, denn außer den sichtbaren Schlachten gibt es geheime, die sich dem oberflächlichen Blick entziehen, Winkelzüge, die dem oberflächlichen Denken unzugänglich sind.«

Prjadilnikow betrat den Aufzug mit zwei Frauen und einem grauhaarigen Mann. Der Fahrstuhl schwebte nach oben. Der Mann betrachtete mißbilligend die verschlissenen Jeans des Journalisten, wahrscheinlich bedauerte er, daß es nur den Frauen verboten war, in kapitalistischen Hosen das Haus zu betreten. Prjadilnikow musterte die Frauen in den strengen Kostümen. Trockenes Wasser. Krumme Geraden. Süße Zitronen. Übrigens ist das richtig, ganz richtig, dachte er, während er die Büroseelen ansah. Und noch richtiger wird es sein, alle Männer aus diesem Haus zum Teufel zu jagen. Männer zeigen manchmal Schwäche. Aber diese Frauen niemals.

Er stieg in seiner Etage aus und humpelte über einen himbeerroten Läufer zum linken Flügel. Als er an der Tür mit dem Schild »Gebietsverw. Lit.« vorbeikam, fiel ihm ein, wie einmal die zweite Kolumne der Jugendzeitung gestoppt worden war. In einem kleinen literaturwissenschaftlichen Artikel standen nebeneinander in einer Zeile ein berühmter Schriftsteller und Bulgakow. Der Chefredakteur bekam einen Anruf: Den berühmten sowjetischen Schriftsteller und Bulgakow in ein und derselben Zeile lobend zu erwähnen sei Nonsens. Der Chefredakteur war ein nachgiebiger Mann. Aber manchmal bekam er einen Rappel. Er geht und geht und schweigt und schweigt und macht alles, was ihm gesagt wird, bis er plötzlich die gerade opportune Losung auf rotem Stoff sieht: »Auf Kopfbedeckungen zu trampeln ist streng verboten!« Da reißt er sich die Mütze vom Kopf und stampft auf ihr herum. Auch dieses Mal hatte er einen Rappel bekommen. Er antwortete, daß er, das gesamte Redaktionskollektiv, der Autor des Artikels und alle klugen Menschen des Planeten darin keinerlei Nonsens sähen. Der andere, der auf diese Weise zu den nicht klugen Menschen gerechnet wurde, geriet außer sich und sagte folgendes: Das Besingen der weißen Ideologie spielt den Feinden in die Hand, feindliche Nostalgie, dekadenter Ton, die weltweiten Werte des sozialistischen Realismus, Ausfälle und Sticheleien, zersetzender Einfluß auf die sich formierenden Herzen und Hirne, verzerrte Darstellung der Wirklichkeit, wir Sowjetmenschen, die wir die Größe des Alltags fühlen, wir sagen ein entschiedenes Nein! Dieser Besinger und Bespucker darf nicht neben dem grandiosen sowjetischen Literaten stehen!

Aber der Chefredakteur ließ nicht mit sich reden: »Dann erscheint die Zeitung eben überhaupt nicht. Die ganze Nummer.« – »Was? Wie soll ich das verstehen? Sabotage?« – »Ja, Schwadronage«, antwortete der Chefredakteur und knallte den Hörer auf. Fünf Minuten später bestellte ihn der Chefzensor der Gebietsverwaltung Literatur zu sich. Er hörte den Chefredakteur an und empfahl, den Satz so zu strecken, daß der eine Schriftsteller auf einer Zeile stand und der andere auf der nächsten. Ein Salomo.

In der Abteilung Lernende Jugend war es schon verqualmt, und es roch nach Kaffee. Die Abteilungsleiterin klatschte in die Hände.

»Oh! Fedja hat auch gestern nicht getrunken!«

»Wahrscheinlich hat er kein Geld«, vermutete ein bärtiger Korrespondent, er war schön und traurig wie Garschin.

»Fedja, komm mal her«, sagte die Leiterin.

Prjadilnikow trat an ihren Tisch, sie legte die Zigarette auf den Rand des Aschenbechers, reckte sich hoch, umfaßte mit einer Hand seinen Hals, bog seinen Kopf herab und küßte ihn auf den Mund. Der Bärtige sagte: »Da capo.«

Eine Korrespondentin, erst vor kurzem von der Uni in die Abteilung gekommen, ein zierliches Mädchen mit großen braunen Augen und Locken, wandte sich errötend ab.

»Na schön, ich tu's nie wieder, sonst kippt mir Marina noch irgendwann Gift in den Kaffee«, sagte die Leiterin und ließ Prjadilnikow los.

»Hm«, machte die junge Journalistin.

Prjadilnikow setzte sich an seinen Tisch.

»Marina, gib ihm ein Käffchen«, sagte die Leiterin, nahm ihre Zigarette und zog daran.

»Möchtest du?« fragte das Mädchen und blickte ihn freundlich an. Er nickte.

Sie stand auf, ging graziös und lautlos zum Bücherschrank, goß aus der Kaffeekanne braune Flüssigkeit in eine große Tasse und brachte sie Prjadilnikow. Der nahm dankend die Tasse entgegen, wobei er ihre zarten Finger berührte. Die Leiterin, eine dreißigjährige Frau, die schon gegen den gesunden Menschenverstand und die Zeit ankämpfte, lächelte vorsichtig, seit einiger Zeit lächelte sie nur noch selten und vorsichtig, um weniger Falten zu bekommen. Der Bart lächelte auch, und zwar träumerisch: Was für Beine!

»Fedja, hast du wirklich kein Geld?« fragte die Leiterin.

»Doch«, antwortete Prjadilnikow und schlürfte den Kaffee. »Aber ich habe beschlossen, ein Engel zu werden.«

»Ich geb dir was, genier dich nicht«, sagte die Leiterin.

»Sie gibt dir, was du willst, verlaß dich drauf«, sagte

der Feuilletonist und Karikaturist Gostew, der gerade ins Zimmer gekommen war. »Gibst du mir auch was, Luisa?«

Luisa, daß heißt Lisa, die Leiterin, antwortete ungerührt: »Du hast bloß das eine im Kopf.«

»Freud sagt, daß alle immer nur das im Kopf haben.«

»Ich möchte wissen, was der Chef heute im Kopf hat. Hast du ihn gesehen? Ist er mit dem richtigen Bein aus dem Bett aufgestanden?«

Gostew wollte sich über den Chefredakteur und das Bett auslassen, kam aber nicht dazu. Die Tür ging auf, und der Chefredakteur trat ein, ein stattlicher Mann mit großen Ohren und mit Brille.

»Jegor Petrowitsch!« rief Gostew, legte die Hände an die Hosennaht und reckte die Brust heraus. »Kompanie! Stillgestanden!«

»Verschwinde«, sagte der Chefredakteur und lächelte, so daß seine großen verräucherten Zähne zu sehen waren.

»Zu Befehl!« Gostew ging im Exerzierschritt hinaus, kam aber sofort zurück. »Erlauben Sie, hier Wache zu stehen!« rief er und nahm an der Tür Aufstellung.

»Hanswurst«, sagte der Chefredakteur.

»Gern geschehen!«

»Guten Morgen, Jegor«, sagte die Leiterin.

Der Chefredakteur war seit zehn Jahren dem Komsomolalter entwachsen, hielt sich aber für jung und bestand darauf, mit Jegor angesprochen zu werden, natürlich nur dann, wenn keine Außenstehenden dabei waren.

»Guten Morgen«, sagte er. »Ihr trinkt Kaffee?«

»Kaffee für den Chef!« kläffte Gostew und stürzte zum Schrank, um die große Keramiktasse des Chefredakteurs mit Kaffee zu füllen.

Der Chef setzte sich lachend auf einen freien Stuhl.

»Was hast du, Fedja? Du guckst so traurig mit deinen blauen Funkensprühern«, sagte er und sah Prjadilnikow lächelnd an. Diese Frage stellte er immer, wenn er mit dem richtigen Bein aufgestanden war. Die blauen Funkensprüher hatte er bei Jessenin entlehnt, seinem Lieblingsdichter.

»Fedja sieht heute wieder nicht verschwiemelt aus«, sagte die Leiterin.

»Wirklich?« Der Chefredakteur betrachtete ihn. »Du hast wohl kein Geld? Aber ich geb dir nichts, brauchst gar nicht zu bitten. Bring die leeren Flaschen weg, dann reicht's für Brot. Bleib 'ne Weile trocken.«

»Wir müssen ihn verheiraten«, sagte die Leiterin und warf einen Blick auf Marina.

»Machen wir«, sagte der Chefredakteur energisch.

»Sobald wie möglich«, warf der Bart ein und seufzte. Seine Frau rannte immer zu ihrer Mutter, wenn er betrunken heimkam und keine triftigen Gründe für das Besäufnis vorbringen konnte.

Nachdem die Journalisten tüchtig die Zungen gewetzt hatten, griffen sie zur Feder.

Prjadilnikow arbeitete an einem Artikel über die militärisch-patriotische Erziehung in den Schulen der Stadt. Er schrieb. Marina sah ihn immer wieder von der Seite an. Der Bart war unterwegs, um ein Interview zu machen. Die Leiterin suchte im Schrank ein Buch.

Prjadilnikow glitt mit dem Kugelschreiber übers Papier, und ein Vogelschwarm senkte sich langsam herab auf die Steppe vor den kahlen sanften Bergen; Prjadilnikow und die anderen Wachposten sahen schweigend zu, wie sich die großen schwarzen Vögel mit den kleinen Köpfen ins Gras und in die Blumen setzten; es war früher Morgen, es war still, die Kompanie schlief in Schützenpanzerwagen, die Vögel ließen sich auf der Erde nieder, falteten die mächtigen Flügel, putzten sich mit dem Schnabel das Gefieder und gingen, nach allen Seiten spähend, zwischen den Blumen umher, sie hatten weiße Streifen vom Schnabel bis zur Brust und rote Hauben, ab und zu blieben sie reglos stehen, die Köpfe der Kolonne zugewandt, und guckten; die Wachposten bewegten sich nicht, und die Vögel hielten sie wohl für Pfähle, während sie die Schützenpanzerwagen für schlafende grüne Schildkröten ansahen; die Vögel mit den weißen Hälsen spazierten durch die Steppe, schwarze Vögel, grüne Steppe; die kahlen Berge und die Herde grüner Schildkröten schliefen, der Himmel schimmerte im Osten schon purpurrot, es war still und warm …

Die Tür ging auf.

»Das werd ich gar nicht erst der Zensur vorlegen, Fjodor«, sagte der Chefredakteur und hielt Prjadilnikow ein Manuskript hin. »Die zerreißen es.«

»Das hab ich mir gedacht«, antwortete Prjadilnikow.

»Verstehst du …«

»Ich verstehe, was ich bin, wahrscheinlich kein Sowjetmensch.«

»Verallgemeinere nicht. Und laß dich nicht unterkriegen. Tja. Weißt du, schreib erst mal für die Schublade. Irgendwann vielleicht … hm. Aber jetzt – leider.«

»Verstehe.«

»Und noch was. Weißt du, bei dir ist alles irgendwie einseitig. War denn wirklich alles so finster? Alles negativ, hm?«

»Nein, wieso? Zigaretten gab's kostenlos. Bei Einsätzen mußte man sich nicht rasieren. Genauer gesagt, man mußte schon, aber die Offiziere drückten ein Auge zu, wenn man einen Stoppelbart hatte. Was noch? Aus der Heimat wurde in Benzinkanistern Wodka gebracht.«

»Ha-ha.« Der Chefredakteur lachte unfroh.

»Dreißig Schecks für eine Flasche. Aber man konnte

auch alte Stiefel, Benzin und Dieselöl an die Bauern verscheuern, um Geld für eine Flasche zusammenzukriegen.«

»Negativ, durchaus negativ. Ein Journalist muß objektiv sein. In einen Artikel gehört das Positive wie das Negative. Das ist Objektivität.«

»Das kann ich nicht. Ich bin stumpfsinnig, einhemisphärisch.«

»Was?«

»Bei mir arbeitet nur eine Hirnhemisphäre, die pessimistische, die optimistische ist vor Völlerei geplatzt.«

»Red kein dummes Zeug. Und lerne, objektiv zu sein. Lerne, Fjodor«, sagte der Chefredakteur und ging hinaus.

»Memoiren?« fragte die Leiterin kühl. Ihr mißfiel, daß Prjadilnikow das Manuskript dem Chefredakteur gegeben hatte und nicht ihr.

»Memoiren. Es hat nichts mit dem Thema unserer Redaktion zu tun«, antwortete Prjadilnikow.

Die Leiterin schwieg.

»Fedja«, sagte Marina, »gib's mir bitte zu lesen.«

»Das taugt nichts.«

»Bitte, Fedja.«

Er zuckte die Achseln und gab ihr das Manuskript.

Armee-Oratorium

Er hieß Akimow. Zu der Zeit, von der hier die Rede ist, war er Major, Stabschef des Regiments. Er war untersetzt und stämmig, hatte einen festen Blick und kleine Hände. Ewig glänzende Stiefel. Immer sauber rasiert. Kein Stäubchen auf seiner Uniform, trotz der staubigen Gegend. Im Sommer umtanzten Staubgeister das Regiment in der Steppe, von Zeit zu Zeit taten sie sich zusammen und überfielen im Rudel das Regiment, dann verdunkelte sich der Himmel, die Sonne erlosch, und neutestamentarische Finsternis hüllte unsere Zeltstadt ein.

Wir hatten zu viert Wachdienst am Kontrollpunkt. Das war ein langer Dienst, er dauerte fünf Monate. Den Natschalniks schien es zweckmäßig, am Kontrollpunkt ständige Wachposten zu haben. Und das war wirklich besser, weil dauernd wechselnde Posten ihren Dienst nicht sehr genau nahmen. Wir, die ständigen Wachhabenden, schätzten ein Leben ohne die allgegenwärtige Bevormundung durch die Offiziere, ohne Antreten, Gymnastik und Marschieren und nahmen unsern Dienst genau. Alle bezeichneten unseren Kontrollpunkt als Vorwerk und beneideten uns. Das Steinhäuschen, genauer, der Schuppen, stand einen Kilometer vom Regiment entfernt an der Straße, die in die Steppe führte; diese Straße und noch eine am anderen Ende des Zeltlagers waren die einzigen nicht verminten Abschnitte ringsum, sie verbanden das Regiment mit der fremden, feindlichen Welt.

Wir bewachten die Straße rund um die Uhr. Zwei schliefen, die beiden anderen zogen kugelsichere Westen an und hielten Wache. Wir wurden im Bataillon verpflegt. Aber natürlich hatten wir auch einen Herd, einen Teekessel und einen Topf für Plow. An den Wänden hingen Ausschnitte aus Zeitschriften, auf dem Tisch lagen Bücher, in einem Versteck bewahrten wir einen Kurzwellensender auf. Auch ein selbstgemachtes Kartenspiel war da. Wir lebten nicht schlecht.

Täglich besuchte uns der Diensthabende des Regiments, manchmal kam der Stabschef Akimow oder der Politstellvertreter angefahren. Akimow liebte Block. Den Dichter Alexander Block.

Eines Tages kam er, um zu prüfen, ob wir nicht Bier getrunken oder Haschisch geraucht hätten. Wir hatten weder das eine noch das andere, bei uns herrschte Ordnung, und die Kragenbinden waren sauber. Der Major war mit uns zufrieden. Auf dem Tisch entdeckte er einen Gedichtband von Block und fragte, wessen Buch das sei. Ich sagte, daß ich es aus der Bibliothek entliehen hätte, und er deklamierte melancholisch: »Abends über den Restaurants«; dann sagte er, Block sei sein Lieblingsdichter, und nahm das Buch mit, ich könne es mir in einer Woche bei ihm abholen. Nach einer Woche ging ich ins Regiment und wartete im Staub eine Stunde auf den Major. Er bat mich in sein Arbeitszimmer, gab mir das Buch und sagte: »Kristallene Verse.« Ich antwortete: »Ja, aus Eisen sind sie nicht.« Er musterte mich aufmerksam. Mir brach der Schweiß aus. Er ließ mich gehen.

Major Akimow machte unserem Vorwerks-Leben ein Ende.

Es war Abend. Schnee fiel. Wir heizten das Öfchen. Einer ging im Regenumhang vor dem Schlagbaum auf und ab; manchmal trat er ans Fenster und schaute zu uns herein. Wir bereiteten ein festliches Abendessen. Im Raum war es heiß, verqualmt und laut. Wir backten Fladen und brieten Kartoffeln. Einer von uns hatte Geburtstag, ein schüchterner Bursche, der mit gefalteten Händen dasaß und auf Geschenke und Gäste wartete. Die Gäste kamen bald. Sie waren zu zweit und brachten eine halbe Kiste gezuckerte Büchsenmilch und Hosenträger, die waren bei uns damals sehr in Mode.

Wir setzten uns an den Tisch, schenkten Traubensaft in die Becher, und ich stand auf, um eine Rede zu halten, aber da klopfte der Wachposten an das verschneite Fenster und sagte: »Ein Wagen.« Alle erschraken und versteckten das Festessen unter den Betten. Die Gäste stürzten hinaus. Ich versuchte sie zurückzuhalten und sagte: »Wir feiern Geburtstag, was ist dabei?« Aber keiner hörte auf mich.

Der Wagen fuhr vor. Wir warteten. Die Wagentür

schlug zu. Wir hörten die dumpfe Stimme unseres Wachpostens, er machte Meldung. Die Tür ging auf, herein kamen der finstere Major Akimow und der Diensthabende des Regiments, ein Leutnant. Akimow betrachtete unsere erhitzten, aufgeregten Gesichter. Unter den Betten hervor duftete es nach Fladen und Kartoffeln, auf dem Tisch lagen Brot, Konserven und ein Häuflein geschnittene Zwiebeln.

»Holt es her«, sagte Akimow. »Alles.«

Wir zogen die Pfanne und den Teller mit den Fladen unter den Betten hervor.

»Alles, hab ich gesagt«, mahnte Akimow.

»Das ist alles«, sagte unser Sergeant.

»Das Bier!«

Wir zuckten die Achseln.

»Leutnant«, rief der Major.

Der Leutnant durchsuchte jede Ecke, blickte unter die Kopfkissen und ging hinaus.

»Genosse Major«, begann unser Sergeant zu erklären, »einer von uns hat Geburtstag.«

Der Leutnant kehrte mit den eingeschneiten Gästen zurück.

»Die haben im Deckungsgraben gelegen.«

»Aha«, sagte der Major lebhaft. Er nahm die Mütze ab, strich sich die Haare glatt und setzte sich auf einen Hokker.

»Woher?« fragte der Leutnant die Gäste. Die drucksten herum, senkten betrübt den Kopf und schwiegen.

»Woher?« fragte der Major leise, und die Gäste zuckten zusammen, warfen den Kopf hoch und nannten ihren Namen und ihre Einheit.

»Am Kontrollpunkt dürfen sich keine Fremden aufhalten, wissen Sie das?« fragte der Leutnant.

Die Gäste schwiegen.

»Wissen Sie das?« fragte der Major, und die Gäste antworteten: »Jawohl!« – »Nein!«

Einer wußte es, der andere nicht.

»So«, sagte der Major. »Sergeant, wissen Sie es auch nicht?«

»Ja, aber der Geburtstag«, sagte unser Sergeant, »und wir schieben doch immer Dienst.«

»Dienst nennt ihr das?« Der Major erbleichte. »Parasiten«, sagte er leise.

Er blickte auf den Tisch und hieb plötzlich mit der Handkante auf den Pfannengriff. Die Kartoffeln flogen auf den Boden.

»Geburtstag«, zischte der Major und stand auf. »Geburtstag! Die haben Geburtstag! Wir sind von Feinden umgeben, ehe wir's uns versehen, schneiden sie allen die Kehle durch. Ich sage: Es ist Krieg! Aber die hier feiern Geburtstag. Geburts … Warum sitzt du?«

Der junge Soldat, der Geburtstag hatte, sprang vom Bett auf und legte die Hände an die Hosennaht.

»Euch geht's wohl zu gut, ihr faulen Säcke! Ich werde euch zeigen, was Dienst ist. Ich bring's euch bei. Verdammt … Soll das ganze Regiment in die Zinksärge kommen? In die Zinksärge, ja? Die feiern Geburtstag! Nein. Leutnant, guck dir bloß diese Rotzlöffel an! Die und Dienst!«

Einer, ich weiß nicht mehr wer, kicherte. Wahrscheinlich vor Angst. Aber das reichte, daß der Major völlig ausrastete.

»Komisch? Ihr findet es komisch?«

Er packte den schweren Brotlaib und fegte Büchsen, Fladen, Becher und Salz vom Tisch. Ein Gast stürzte vor Entsetzen hinaus, der Leutnant sprang hinterher und schleppte ihn wieder herein. Er hielt ihn am Ohr gepackt: »Was fällt dir ein? Wo willst du hin? Vielleicht zu den Muselmännern?«

Der Soldat brach in Tränen aus, der Major wurde noch bleicher und verzog angewidert das Gesicht.

»Alles wegräumen! Aber dalli!«

Ich griff nach dem Besen, um Kartoffeln, Fladen und Salz zusammenzufegen.

»Mit den Händen«, sagte der Major. »Mit den Händen, den Häääänden! Wird's bald!«

Ich stand mit gesenktem Kopf da. Mir zitterten die Beine.

»Los!«

Ich weiß nicht, vielleicht hätte ich mich gebückt und alles mit den Händen aufgeklaubt. Ich weiß es nicht. Ich bin überhaupt nicht sehr beherzt. Aber bevor mir das Herz endgültig in die Hosen rutschte, leistete sich der Sergeant einen tollen Streich. Er ging zu den zur Pyramide zusammengestellten Maschinenpistolen und sagte: »Wir sind auf Kampfposten.«

Das Öfchen bullerte. Draußen schneite es. Schweigen.

Der Major blickte sich nach dem Leutnant um.

»Aber!« sagte der Leutnant und ging auf den Sergeanten zu.

Der Major lachte.

»Das reinste Kino! Nein, an Langeweile stirbt man nicht.« Er hörte auf zu lachen. »Na schön. Ihr kriegt alle Bau. Sieben Tage und Nächte und die Gäste drei Tage. Und dich«, sagte er zum Sergeanten, »dich werd ich ...«

»... zu Shilmurdajew schicken«, sagte der Leutnant vor, »er mag solche tollkühnen Kerle.«

Shilmurdajew war Chef der dritten Kompanie des Infanteriebataillons, zu ihm wurden die »schwierigen Fälle« zur Umerziehung geschickt. Dort wurden sie schnell zu »leichten Fällen«.

Plötzlich sagte der Major: »Nein. Dir sag ich Dankeschön.«

Wahrscheinlich fühlte sich der Major als zweiter Suworow.

Seitdem wurde am Kontrollpunkt ein 24-Stunden-Dienst eingeführt. Unser Vorwerks-Leben war zu Ende. Aber darum geht es nicht.

Im Sommer floh ein junger Soldat aus dem Regiment. Die Soldaten suchten den Flüchtigen drei Tage und Nächte in der Steppe und in den Kischlaks, fanden ihn aber nicht. Die Sache wurde publik, und eine Untersuchung begann. Es stellte sich heraus, daß die Altgedienten .... Ach, lassen wir die Schauergeschichten – es stellte sich also allerhand Menschenunwürdiges heraus, und ins Regiment kamen Vertreter des Stabs geflogen. Sie untersuchten den Fall und beschlossen, die Schuldigen hart zu bestrafen. Vor ihrer Rückkehr nach Kabul riefen sie die Komsomolfunktionäre aus allen Einheiten zu einem Gespräch zusammen. Meine Kompanie schickte mich, obwohl ich nie im Leben, erst recht nicht in der Armee, ein Funktionär war, ich hatte bloß die dumme Angewohnheit, auf jeder Versammlung den Offizieren Fragen zu stellen, um die gähnenden Zuhörer aufzuheitern, und so hielten mich die Offiziere für einen Funktionär.

Das Gespräch fand im Klubraum des Regiments statt. Es gab weder Wände noch eine Decke in diesem Klub, nur ein paar Holzbänke, eine halbkreisförmige Bühne, eine riesige gewölbte weiße Filmleinwand, Himmel und Sonne. Auf der Bühne standen Tische, an den Tischen saßen die Majore und Obersten in Felduniform: rassige Schnurrbärte, römische Kinne, Brillen mit schmalen Rahmen, durchdringender Blick, rasierte straffe Wangen, schneeweiße Kragenbinden, kräftige Glatzen und schweißglänzende Stirnen.

Als erster sprach der Stabschef unseres Regiments, Major Akimow. Er sagte: Friedliebende Außenpolitik, aber wenn es unserem Nachbarn schlecht geht, sind wir da, angespannter Alltag, die Umtriebe des Imperialismus, ein nicht erklärter Krieg, Verluste, Schwierigkeiten, die ruhmreichen Streitkräfte, im Feuer geboren, Traditionen, hoher Kampfgeist, Patriotismus, die Besten der Kampf- und Politausbildung, Dutzende erfolgreicher Einsätze, Träger des Roten Sterns, Dutzende mit Medaillen Ausgezeichnete, drei Helden ... Akimow goß sich aus der Karaffe Wasser ins Glas und trank es wie Wodka in einem Zug. Nach einer Pause fuhr er fort: Aber trotz der ruhmreichen Traditionen, des Vermächtnisses der »Opas«, trotz der Bestleistungen in der Kampf- und Politausbildung, trotz vieler erfolgreicher Einsätze, dreier Helden, Träger des Roten Sterns, und trotz aller Anstrengungen seitens der Kommandeure und Politarbeiter gibt es einzelne Unzulänglichkeiten, obwohl eine tägliche Kleinarbeit gegen sie unternommen wird, das heißt ein hartnäckiger und kompromißloser Kampf. Und plötzlich ist nun so was passiert, ist es zufällig passiert? Ja und nein, Moralkodex, hoher Humanismus der Ideale, Harmonie der inneren und äußeren Kultur, dennoch gibt es in unserem Leben noch sozialismusfeindliche abscheuliche Überreste der Vergangenheit wie Habgier und Bestechlichkeit, das Bestreben, möglichst viel von der Gesellschaft zu erraffen, ohne ihr etwas zu geben, Nachlässigkeit und Verschwendung, Trunksucht und Rowdytum, Bürokratismus und herzloses Verhalten gegenüber den Menschen, und da nehmen sich einzelne zurückgebliebene Elemente, sagen wir geradeheraus, verbrecherische Elemente, das Recht heraus, Menschen physisch und moralisch zu erniedrigen!

Ich saß in der ersten Reihe und hörte zu. Ich dachte, vielleicht sollte ich ... Bis zur Demobilisierung hatte ich noch ein Jahr. Ich betrachtete das harte Gesicht des Majors, seine kleinen festen Hände, die Gesichter der

Stabsleute, die dem Major mit Befriedigung lauschten, und dachte, nein.

Ich stand nicht auf und sagte nichts. Nach dem Major sprachen die vom Stab, sie sagten dasselbe wie Akimow. Dann aßen sie Mittag und flogen in Hubschraubern nach Kabul. Die Altgedienten, die an der Flucht des jungen Soldaten schuld waren, wurden eingesperrt. Aber die übrigen »Opas« kamen nicht zur Vernunft und fuhren fort, die »Söhne« physisch und moralisch zu erniedrigen.

»Fedja, das ist wohl zu scharf«, sagte Marina, als sie das Manuskript gelesen hatte.

»Findest du? Merkwürdig. Dabei ist es erst die halbe Wahrheit. In Wirklichkeit war es schlimmer.«

»Aber warum nennst du es Oratorium?«

»Das hat nichts mit Musik zu tun, sondern mit dem Wort Orator – Redner.«

»Das hab ich mir gedacht.«

»Marina, ich warte schon eine halbe Woche auf deinen Artikel«, bemerkte die Leiterin Luisa-Lisa.

»Ich gebe ihn heute ab«, murmelte Marina und vertiefte sich in ihre Papiere.

»Fedja, dein Artikel kommt auch zu spät.«

»Zu Befehl«, sagte Prjadilnikow und griff zum Kugelschreiber.

Er schrieb über militärische Führer und Anschauungsmittel, über die Erziehung der Jugend im Geiste ... Tradition ... Vermächtnis ... Patriotismus ... wir, die Jungen, Ungebärdigen, unsere Bestrebungen sind klar, wir erstürmen das Himmelsgewölbe! Aber die Berge schliefen, und die Herde der grünen Schildkröten schlief, es war still und warm. Da knirschte ein Lukendeckel, aus einem Schützenpanzerwagen lehnte sich ein Fähnrich, er gähnte, ließ den Blick über die Steppe schweifen und erstarrte, als er die schwarzen Kraniche sah, dann verschwand er für einen Moment, erschien wieder, kletterte vorsichtig aus dem Wagen und ging geduckt, mit der MPi in der Hand, in die Steppe, die Wachposten beobachteten ihn, auch die Vögel bemerkten ihn, reckten den Hals und verharrten reglos; der Fähnrich kniete sich hin, stemmte den Kolben gegen die Schulter, neigte den Kopf zur Seite und zielte, die Vögel liefen hüpfend und flügelschlagend, der Schwarm flog auf, ein blaßroter Feuerstoß jagte über die Steppe und drang in den schwarzen Schwarm. Die Wachposten sahen schweigend zu. Es war Prjadilnikows erster Einsatz. Er hatte Angst und war nicht sicher, ob er, wenn ihm Kugeln um die Beine und Splitter über den Kopf pfiffen, Kaltblütigkeit bewahren und ein tapferer Soldat sein würde, er fürchtete zu versagen, vom Schlachtfeld zu rennen oder sonst etwas Schändliches zu tun, er rief sich alle kühnen Film- und Bücherhelden ins Gedächtnis, aber das half nicht, ihm war übel, er hatte keinen Appetit und litt unter ständigem Harndrang, doch der Einsatz verlief ruhig, ohne einen einzigen Schuß, und nun, am Morgen des zweiten Tages, hörte Prjadilnikow Schüsse und sah den Tod: Der Fähnrich kniete sich hin, neigte den Kopf zur Seite, zielte, und die Leuchtspurgarbe, die Leuchtspur, Leuchtspur ... Leuchtspur ... Leuchtspur ... Heute morgen wollte ich doch irgendwohin fahren, überlegte Prjadilnikow. Ich hab irgendwas geträumt und wollte wegfahren. Was hab ich bloß geträumt? Die Leuchtspur ... Leucht ...

»Luisa«, sagte Prjadilnikow, »es wird nichts.«

»Fedja«, Luisa blickt ihn streng an. »Laß dich nicht so gehen, nimm dich zusammen. Das muß heute fertig werden.«

Prjadilnikow steckte sich eine Zigarette an.

»Also, Leute, ich geh dann in die Bibliothek«, sagte Luisa. »Wir haben dieses Buch hier nicht. Benehmt euch anständig.« Sie stellte sich vor den Wandspiegel, zupfte ihr kurzes dunkles Haar zurecht, schminkte sich die großen schwellenden Lippen, trat zwei Schritte zurück, um das Spiegelbild ihrer Beine zu sehen, lächelte sich zu und ging.

Marina und Prjadilnikow saßen jeder an seinem Tisch und schrieben schweigend. Marina warf Prjadilnikow hin und wieder einen raschen Blick zu. Er kam ihr heute besonders mager und erschöpft vor, und sie hätte ihn gern aufgepäppelt. Sie hätte ihm gern die Zigaretten weggenommen. Sie hätte ihm gern die ausgefransten Hosenbeine seiner Jeans umgenäht, sie hätte ihm gern das lahme Bein gestreichelt.

Die Tür ging auf.

»Oh! Pardon, Pardon!« rief Gostew und war wieder draußen.

Zehn Minuten später wurde an die Tür geklopft.

»Ja!« sagte Prjadilnikow.

Die Tür öffnete sich einen Spalt. In der Öffnung blitzte die Brille des Sektorenleiters. Er benahm sich irgendwie merkwürdig.

»Stör ich auch nicht? Darf ich?«

»Bitte sehr«, murmelte Prjadilnikow verdutzt. Was ist denn in den gefahren?

»Entschuldigen Sie vielmals«, sagte der Sektorenleiter im Hereinkommen. »Ich hab ja viel Sinn für Humor, aber … erst die Arbeit, dann das Vergnügen.« Sein Blick blieb an Marina haften. »Guten Tag, mein Fräulein.«

Marina riß sich von ihrem Artikel los, blickte ihn an und errötete.

»Guten Tag«, sagte sie hastig.

»Einen guten Tag auch dem Veteranen, sozusagen«, wandte sich der Sektorenleiter an Prjadilnikow.

»Wünsche Gesundheit, sozusagen.«

Der Sektorenleiter blickte ihn durchdringend an – machte sich der Grünschnabel über ihn lustig?

»Ist es erlaubt, sich zu setzen?« fragte der Sektorenleiter sanftmütig.

Marina und Prjadilnikow wechselten einen Blick.

»Bitte, setzen Sie sich in Gottes Namen. Möchten Sie Kaffee? Wir brühen welchen auf.«

»Nein, danke. Vielen Dank. Sie schreiben?«

»Ja.«

»Die Arbeit läuft, das Büro schreibt, ha-ha. Und wenn's gestattet ist zu fragen, was bewegt Ihre jungen Herzen diesmal?«

»Mein junges Herz zerspringt vor Kummer, wenn ich die Unvollkommenheit der militärisch-patriotischen Erziehung in den Schulen der Stadt sehe. Und Marina verzweifelt an der Trunksucht und sonstigen Muttermalen und Pickeln der Vergangenheit, die sich am Körper der sowjetischen Studentenschaft bilden.«

»Trinken die Studenten?«

Marina nickte.

»Nicht zu fassen. Aber doch nicht die überwiegende Mehrheit?«

»Nein, nein«, antwortete Prjadilnikow für Marina, »das ist untypisch. Sie beschreibt einen Einzelfall. Im allgemeinen sind die sowjetischen Studenten außerordentlich.«

Der Sektorenleiter runzelte die Stirn.

»Was?«

»Nichts weiter. Einfach außerordentlich, punktum. Außerordentlich und überhaupt.«

»Du kritisierst alles, Prjadilnikow«, sagte der Sektorenleiter lächelnd. »Du hast immer eine schwarze Brille auf der Nase und betrachtest die Welt aus dem Schützengraben. Hast du deinen Orden reparieren lassen?«

»Ja. Aber so cin Pcch, jetzt ist die Farbe abgeblättert,

ich muß ihn neu anmalen, kann aber nicht die richtige Farbe auftreiben.«

»Du solltest daran denken«, sagte der Sektorenleiter verdrossen, »daß du über eine staatliche Auszeichnung sprichst.«

»Wir Journalisten reden erst und denken dann, wenn wir zum Chef zitiert werden.«

»Das ist schlecht! Sehr schlecht! Ich rate dir, erst zu denken, und zwar gründlich. Sehr gründlich«, sagte der Sektorenleiter verärgert. »Wäre es nicht an der Zeit, mehr Ernst an den Tag zu legen? Was ist das hier bei euch für ein Affentheater? Ein Hokuspokus! Mir gefällt dieser Stil ganz und gar nicht. Natürlich ist die Jugendpresse etwas lockerer, und das prägt das Benehmen der Redaktionsmitarbeiter, aber man darf es nicht zu weit treiben! Der Journalismus ist eine ernste Angelegenheit. Man muß ein Gefühl für Verantwortung haben. Wenn das Verantwortungsgefühl fehlt, sollte man gründlich darüber nachdenken, ob man am richtigen Platz ist.«

»Ich denke sehr oft, Demjan Wassiljewitsch: Bist du am richtigen Platz? Das frage ich mich: Bist du am richtigen Platz, Fedja?«

Der Sektorenleiter blickte Prjadilnikow scharf an. Marina lächelte erschrocken und drehte sich zum Fenster. Das blieb dem Sektorenleiter nicht verborgen.

»Wo ist der Chefredakteur?« fragte er leise. Noch hatte er sich in der Gewalt.

»Wahrscheinlich in seinem Zimmer, ich weiß nicht«, antwortete Prjadilnikow.

»Herrufen.«

Prjadilnikow warf einen mürrischen Blick auf den Sektorenleiter und wiederholte: »Er ist wahrscheinlich in seinem Zimmer.«

Der Sektorenleiter starrte Prjadilnikow an.

»Ich hol ihn«, sagte Marina und stand auf.

Aber der Sektorenleiter erhob sich ebenfalls und ging wortlos hinaus.

»Du hast sie nicht alle«, sagte Marina.

»Stimmt«, antwortete Prjadilnikow und zündete sich eine Zigarette an.

Kurz darauf war vor der Tür die Stimme des Sektorenleiters zu hören: »Da hast du's, Jegor Petrowitsch, da, freu dich an den Albernheiten. Na? Das ist doch eine Redaktion und kein Zirkus. Wenn das nun ein Besucher gesehen hätte? Was würde er von uns beiden denken? Die schreiben hier auf dem Niveau von Zehnklassenschülern, aber eine Anmaßung – oho! Du solltest deine Grashüpfer entlassen, Jegor Petrowitsch. Keine Ernsthaftigkeit, keine politische Reife, bloß giftige Sticheleien. Partei und Regierung, verstehst du, sorgen sich sozusagen um euren Veteranen, er hat ein Auto bekommen, eine Wohnung, verstehst du, lebt wie die Made im Speck. Was hatten wir beide, als wir so alt waren? Eben. Aber er stichelt und blödelt immer nur, verstehst du, spielt den Beleidigten. Macht sich über die staatliche Auszeichnung lustig! So ist das. Wir werden eine Untersuchung beantragen. Ich habe deinen Grashüpfern lange genug alles durchgehen lassen, nun reicht's. Du hast dir lauter unausgegorene Witzbolde und Clowns herangezogen, verstehst du. Aber es gibt bei uns auch gebildete, ernsthafte Journalisten. Ja, die gibt es. Sie sitzen jahrelang in den Volksbildungsabteilungen. Erfahrene, reife Menschen. Doch du holst dir den erstbesten von der Straße. Er schreibt wie ein Huhn, ist aber anmaßend – oho-ho! Außerdem hab ich Informationen ...«

Die Tür wurde aufgerissen, und die Klinke donnerte gegen die Wand.

»Guck ihn dir an«, forderte der Sektorenleiter.

Der Chefredakteur warf einen schweren Blick auf Prjadilnikow.

»Guck dir sein Gesicht an. Der gehört in die Entziehung. Ich hab zuverlässige Angaben.«

Prjadilnikow hatte sich auf dem Stuhl zurückgelehnt, rauchte und starrte zur Decke.

Der Sektorenleiter ertrug diesen Anblick nicht, er drehte sich abrupt um und ging hinaus. Sowie seine Schritte auf dem Korridor verhallt waren, stürmten die Mitarbeiter in die Abteilung Lernende Jugend, sogar die alte Stenotypistin kam.

Der Chefredakteur setzte sich, nahm die Brille ab, wischte sie mit dem Taschentuch ab und steckte sich eine Papirossa an.

»Was hat denn Demjan Wassiljewitsch?« fragte die grauhaarige Stenotypistin.

Der Chefredakteur zeigte ihr ein Platt Papier. Darauf war ein Herz gemalt, von einem Pfeil durchbohrt, und darunter stand: Liebespause von 10–10.15 Uhr.

»Das hing an der Tür«, erklärte der Chefredakteur, »und er ist gerade vorbeigekommen.«

Die alte Frau holte ihre Brille hervor, hielt sie an die Augen und las. Sie lebte auf und betrachtete neugierig Marina. Der Leiter der Abteilung Komsomolleben verzog die Lippen zu einem toten Lächeln.

»Ist das dein Werk, Hanswurst?« wandte sich der Chefredakteur traurig an Gostew.

Gostew senkte den Blick.

»Gostew, alles hat seine Grenzen«, sagte der Leiter der Abteilung Komsomolleben, ein trübseliger Mann von dreißig Jahren, der in seiner Jugend stark getrunken hatte, aber seit einem Jahrfünft von seiner verhängnisvollen Leidenschaft geheilt war. Er trank nicht, war forsch und energisch, hatte jedoch seit fünf Jahren immer nur ein totes Jesuitenlächeln.

»Ich werd's erklären«, sagte Gostew. »Ich ahne, worum es geht.«

»Dummköpfe werden nicht gesät und nicht geerntet«, murmelte der Chefredakteur!

»Ich ahne es«, sagte Gostew. «Es geht gar nicht um den Scherz. Denk mal an, ein Herz, na und? Das ist ja schließlich kein nacktes Weib. Ich ahne, worum es geht. Um ganz was andres.«

»Ich schmeiß den ganzen Mist hin, ich fahr zur Schwiegermutter ins Dorf und hüte wilde Stiere«, sagte der Chefredakteur.

»Ganz einfach«, fuhr Gostew fort, »der Sektorenleiter hat eine Schwäche für Marina. Der Alte hat Komplexe.«

»Du hängst mir mit deiner Psychoanalyse zum Hals raus«, sagte Marina und ging hinaus.

»Das ist von Freud, nicht von mir.«

»Na, und du? Was mußt du ihn immer gegen dich aufbringen? Was gehst du immer auf ihn los? Kannst du deine Zunge nicht im Zaum halten, Fjodor«, sagte der Chefredakteur.

»Ich kann seit der Armee keine Kommandeure und Politleiter mehr sehen.«

Der Chefredakteur blickte aus dem Fenster auf die sonnige Straße.

»Ins Dorf. Kuhwarme Milch, angeln«, murmelte er. »Hasenjagd, Badehaus, Gemüsegarten, eine Herde wilder Stiere – himmlisch.«

Gegen Abend prasselte der Kopf vom Rauchen und von militär-patriotischen Phrasen wie ein Ofen voller Holzscheite, mit dem Unterschied, daß nur Prjadilnikow dieses Prasseln hörte. Er brachte seinen Artikel zu Ende und gab ihn ab. Luisa küßte ihn auf die Stirn. Und er bat sie um Geld. »Du hast doch gesagt, du hast welches«, antwortete sie. »Weil ich eben so schüchtern bin«, sagte er. »Und was willst du kaufen?« – »Milch und Brot.« – »Wirklich?« – »Ich schwöre.« – »Aber daß du keinen Schnaps kaufst.« – »Ich höre und gehorche.« Er nahm den Zehnrubelschein und fragte: »Erlauben Sie, Ihnen das Händchen zu küssen, Mamsell?« – »Küß lieber Marina.« – »Sei nicht albern«, sagte Marina, als Prjadilnikow auf sie zukam. »Ach, Marina, du packst das Glück nicht beim Schopf«, sagte Luisa.

Dreiviertel sechs war allgemeiner Aufbruch.

»Maestro, welche Pläne gibt's für den Abend?« erkundigte sich Prjadilnikow bei dem Bart.

Der Bart richtete seine traurigen schönen Augen auf ihn und sagte betrübt: »Nach Hause.« – »Komm auf ein Stündchen mit zu mir«, drängte Prjadilnikow. »Dann rennt meine Frau wieder zur Schwiegermutter«, antwortete der Bart, »ich muß passen, nimm Gostew mit.« – »Der steht mir bis obenhin«, sagte Prjadilnikow. »Na, dann weiß ich auch nicht, ich muß jedenfalls passen«, erwiderte der Bart. Er nahm seinen Diplomatenkoffer und enteilte, ohne auch nur auf Wiedersehen zu sagen.

»Fedja! Was höre ich da!« rief Luisa.

»Ein Spaß.«

»Paß auf!« Sie drohte ihm mit der Faust. Dann verabschiedete sie sich und ging.

Marina räumte langsam ihre Papiere vom Tisch. Prjadilnikow nahm den Telefonhörer und wählte mit dem Zeigefinger. Es meldete sich niemand. Er trommelte mit den Fingern auf den Apparat und wählte eine andere Nummer. Schweigen, genauer, lange Freizeichen. Die Holzscheite in seinem Kopf knackten und barsten. Prjadilnikow rieb sich mit den Zeigefingern die Schläfen. Dann wählte er noch einmal beide Nummern, legte auf, sagte zu Marina: »Tschüs!« und verschwand hinter der Tür.

Marina saß da und starrte unbeweglich auf die Tür.

Er fuhr im Fahrstuhl hinunter, ging an den Milizionären vorbei, ohne sie anzusehen, trat aus der Tür und hinkte an den Säulen à la Parthenon vorüber, ging zu seinem »Panzerspähwagen«, schloß die Tür auf und setzte sich hinein. Wohin fahren wir? fragte er den »Panzerspähwagen«.

Wenn er sich bloß erinnern könnte, was er in der Nacht geträumt hatte, dann wüßte er auch, wohin er fahren mußte.

Er runzelte die Stirn. Nein, zwecklos. Er startete und fuhr auf die Straße. Der »Panzerspähwagen« glitt gemächlich über die herbstlichen Straßen. Schwarze Vögel ließen sich in der Steppe nieder. Sie sind wieder da, dachte Prjadilnikow. Die schwarzen Vögel ließen sich in der Steppe nieder. Die Berge schliefen, die Herde grüner Schildkröten schlief, es war still und warm, weiße Blumen leuchteten, die Kraniche landeten auf der Erde, es war still und warm, weiße Blumen leuchteten, weiße Blumen, Weißblumen, Kranichfrauen, Panzerschildkrö … Verdammt!

Er hielt vor einem Spirituosenladen.

»Gibt's Wein?« fragte er einen ramponierten Mann in Sporthose und blauer Trainingsjacke.

»Bloß Wodka, Süßwein soll's im Jubiläumsladen geben, nimmst du mich mit?«

»Mach ich.« Der Mann stieg ein.

Sie hielten vor dem Jubiläumsladen. »Schmeißen wir uns zusammen?« fragte der Mann. Prjadilnikow schüttelte den Kopf. »Mist«, sagte der Mann und stieg aus. Prjadilnikow folgte ihm.

Vor der Ladentür lauerten zwei. Sie hielten einen vorbeigehenden jungen Mann an und sagten ihm etwas. Der griff bereitwillig in die Tasche, gab ihnen Kleingeld und ging weiter. Die zwei erblickten Prjadilnikow. Der eine, ein lustiger Bursche mit braunen Augen, trat auf ihn zu, lächelte und streckte ihm die Hand hin: »Tag!« Prjadilnikow erwiderte mechanisch den Händedruck. Da preßte der Unbekannte seine Hand zusammen. »Borg uns was für Wein, aber schnell.« Prjadilnikow tat es nicht ums Geld leid, doch das »aber schnell« stieß ihn ab, und er zog seine Hand weg und antwortete: »Ich bin ein Knicker.«

Er kaufte im Laden Wein und Zigaretten und trat auf die Straße.

»He, du Knicker, stoßen wir uns im Gebüsch einen aus«, sagte der braunäugige Lustige. »Keine Zeit.« – »He, Silver, komm schon.« Aber Prjadilnikow ging zu seinem »Panzerspähwagen«. »Laß ihn«, sagte der zweite zum braunäugigen Lustigen, »mit Krüppeln schlägt man sich nicht.« Prjadilnikow preßte die Zähne zusammen, blieb aber nicht stehen. Er öffnete die Wagentür, legte die Plastetüte mit den Flaschen auf den Sitz, drehte den Schlüssel um. Der Motor sprang an. Prjadilnikow blickte aus dem Fenster. Die beiden lauerten immer noch. Was für ein scheußlicher Tag, dachte Prjadilnikow und schaltete den Motor aus. Er nahm ein Klappmesser aus dem Handschuhfach, hakte den Fingernagel in die Kerbe der Klinge und zog sie heraus. Dann steckte er das Messer in die Tasche. Er öffnete eine Schachtel Zigaretten, nahm eine heraus, zündete sie an und stieg aus dem Wagen.

»Was willst du, Silver?« fragte der Lustige verwundert. »Na los, gehen wir«, sagte Prjadilnikow. »Ha! Den kleinen Stier juckt das Fell!« rief der Lustige. »Wir haben bloß Spaß gemacht, wir tun dir nichts«, sagte der zweite friedlich. »Gehen wir«, wiederholte Prjadilnikow. »Hör zu, Silver, mach, daß du wegkommst«, riet der zweite, »sonst hinkst du auf beiden Beinen.«

»Servus, Jungs!«

Alle drei blickten sich um. Luisa.

»Servus, Mieze, wenn du's ernst meinst«, sagte der Lustige lebhaft und musterte Luisa.

»Willst du Milch kaufen, Fedja?«

Prjadilnikow schwieg.

»Was habt ihr für Probleme, Jungs?«

»Immer dieselben«, antwortete der Lustige. »Immer knapp bei Kasse.«

»Da habt ihr.« Luisa nahm ein Einrubelstück aus ihrem Portemonnaie.

»Ist der auch echt?«

»So, gibt's sonst noch Probleme?« fragte Luisa.

»Nein. Keine Probleme«, antwortete der Lustige.

»Fahren wir nach Hause«, sagte Luisa streng und hakte sich bei Prjadilnikow ein.

»Du kommst zu spät, er hat sich schon eingedeckt.«

Luisa zog Prjadilnikow mit sich.

»Keine üble Puppe«, sagte der Lustige.

»Gehen wir«, sagte der zweite, und sie betraten den Laden.

Der »Panzerspähwagen« fuhr die Straße entlang. »Da hast du dich ja mit den Richtigen angelegt«, sagte Luisa. Prjadilnikow schwieg. »Da hast du dich mit den Richtigen angelegt, die hätten dich fertiggemacht, weißt du denn nicht, was das für Tiere sind? Die haben alle ein Finnenmesser in der Tasche. Verbrechervisagen, ob sie einen Hammel abstechen oder einen Menschen, ist für sie das gleiche Vergnügen. Und der Knast ist ihr Elternhaus. Übrigens, wolltest du allein trinken?« – »Nein«, antwortete Prjadilnikow, »ich kenne zwei anhängliche Jungs, Schulkameraden.« Luisa schwieg. »Soll ich dir Gesellschaft leisten?« fragte sie dann. Er sah sie von der Seite an. »Leiste mir Gesellschaft.« Luisa lächelte. »Ich hab bloß Spaß gemacht, mein Mann wartet auf mich, er ist eifersüchtig wie ein Stier.« – »Sind Stiere eifersüchtig?« – »Ich weiß nicht, ist mir gerade so in den Kopf gekommen.« – »Leiste mir Gesellschaft«, wiederholte Prjadilnikow. Luisas Augen lockten. »Du solltest lieber

Marina einladen.« – »Marina? Wieso Marina?« – »Wieso, wieso, mach die Augen auf, dann wirst du schon sehen, wieso.« – »Also was ist, kommst du mit zu mir?« fragte Prjadilnikow. »Bist du aber hartnäckig«, sagte Luisa und verdrehte schmachtend die Augen. »Das nächste Mal, Fedja, heute kann ich nicht.«

Der »Panzerspähwagen« hielt vor Luisas Haus. Luisa nahm ihre Handtasche und öffnete die Tür. Prjadilnikow blickte sie mißmutig an. Sie zögerte. Prjadilnikow blickte sie an. Sie sagte leise und fest: »Das nächste Mal« und stieg aus.

Zu den Klassenkameraden fuhr er nicht. Er hatte keine Lust mehr. Da muß man reden, zuhören, lächeln, aber er hatte tagsüber zur Genüge geredet, zugehört und gelächelt. Die Zunge war schwer, die Ohren taten weh, und vom dauernden Lächeln war die Haut wie aus Gummi. Gut, daß er allein lebte – wenn er Lust hatte, lud er jemanden ein, wenn er allein sein wollte, ließ er's bleiben. Das Armeeleben ist deshalb schwer, weil man sich nirgends zurückziehen kann. Sogar auf dem Klo sitzt immer jemand und ächzt.

Nur ein Mensch. Nur ein Mensch, den man immer um sich haben möchte, tags und nachts, auf der Arbeit und zu Hause, wenn es einem gut und wenn es einem schlecht geht, einer, nur einer, der alles beim ersten Wort versteht …

Die Aufklärungskompanie rückte häufig aus. Ja, zu oft; sie zogen Sturmanzüge und Sportschuhe an und stahlen sich nachts aus dem Regiment; nach zwei, drei Tagen kehrten sie genauso plötzlich zurück, verstaubt und stopplig; die Aufklärungskompanie war weg, und ich wartete, ging jeden Tag zu ihren Zelten, um zu sehen, ob sie zurück waren. Dann war die Kompanie wieder da, ich ging zu den Zelten und sah die schmutzverschmierten Männer, sie reinigten ihre Waffen; ich reckte den Hals und hielt nach dem hakennasigen langen Gesicht Ausschau, manchmal sah ich es von weitem, manchmal nicht, ich ging hin. »Na, Männer, wie war's?« Sie darauf: »Normal«, oder: »Beschissen«, und sie fügten hinzu: »Er ist in der Waffenkammer«, oder: »Im Badehaus«, oder noch irgendwo! Ich fand ihn und fragte: »Rauchen Sie?« Er: »Ja.« Ich: »Aber das Gesundheitsministerium warnt davor.« Er: »Ich will ein Mensch sein, denn ein gelehrter Onkel hat gesagt: Der Mensch hat keine Federn, er steht auf zwei Beinen und raucht.« Ich: »Na, dann hab ich für Sie ein Geschenk aus Afrika«, und ich gab ihm eine Schachtel Filterzigaretten, ein Hochgenuß in der Armee; es waren sowjetische oder bulgarische Zigaretten, aber es hatte sich nun mal so eingebürgert: ein Geschenk aus Afrika! Neben dem Truppenübungsplatz war ein Berg, von dort wurde Marmor für den Bau der Badehäuser, Kleiderkammern und Toiletten geholt. Es war weißer Marmor mit blaugrünen Streifen. Manchmal gingen wir dorthin; wir lassen uns zwischen den sonnenbeschienenen schneeweißen Platten nieder. Schneeweiße Platten, die Sonne scheint, und die Augen tun weh, wenn man auf den Marmor blickt, er schlägt ein Buch auf und liest laut Baudelaire, den Vagabunden Rimbaud, Verlaine, Bunin, Block, Jewtuschenko, ich lese nicht vor, bei mir klingt das blöd, aber er liest sehr gut, und zwar deshalb, weil er selber Gedichte schreibt. Er liest, ich liege auf den warmen Steinen, rauche eine kostenlose Machorkazigarette, blicke nach unten, auf das Regiment, die Steppe, auf die fernen südlichen Berge, dort soll schon Pakistan sein, wo Zedern wachsen, und im Westen ist das Iskapol-Gebirge, ich glaube, die Griechen haben ihm diesen Namen gegeben. Dort hat irgendwann Alexander von Makedonien gekämpft ... Die Berge sind kahl, die Gipfel schneebedeckt, ich blicke auf das Iskapol-Gebirge, auf die südlichen Zedernberge und sehe weit hinten in der Steppe eine Karawane: winzige Kamele, zerbrechliche weiße Figürchen ... Doch meist geht niemand über die heiße, staubige, kahle Erde. »Ich bin ein Mensch, gleich Gott dazu verdammt, das Leiden aller Länder und aller Zeiten zu erfahren.« Ich liege auf den warmen, gleißenden Steinen, blicke durch eine weiße Marmorscheibe mit Meeresstreifen in die Sonne und sage, man müßte am Ufer eines Ozeans leben, nicht wahr? Er legt das Buch beiseite, nimmt mir die durchsichtige Marmorscheibe aus der Hand, blickt durch die Meereswelle in die Sonne und willigt ein, nach der Armeezeit am Ufer eines Ozeans zu leben. Manchmal las er seine eigenen Gedichte, und das war besser als Baudelaire, Block und Jewtuschenko. Die Aufklärungskompanie war oft im Einsatz, zu oft, die Kompanie war fort, und ich kriegte immer mit, ob sie zurück war. Dann ging ich hin und sah von weitem die dunklen Männer in den sonnengebleichten Sturmanzügen. »Guten Tag, wir war's?« – »Normal, er ist im Zelt.« – »Rauchen Sie? Aber das Gesundheitsministerium, ich hab für Sie ein Geschenk aus Afrika, du hast ja so lange nichts Eigenes vorgelesen.« – »Ich schreibe nichts, bring nichts zuwege, Villon war ein hoffnungsloser Säufer, aber was für Gedichte hat er geschrieben, bei mir ist es noch nicht ganz hoffnungslos, aber ich bring nichts zuwege, oder bin ich schon ein hoffnungsloser Fall?« – »Nicht doch, du feuerst noch ein panzerbrechendes Poem ab, daß die Maîtres vor Neid aufheulen.« – »Guten Tag, wie war's?« – »Normal, er ist in der Waffenkammer.« – »Guten Tag, wie war's?« – »Schlecht, er ist im Hof der Sanitätsstelle.« Der Hof der Sanitätsstelle, in der Mitte ein Persenningschutzdach auf vier Eisenrohren, die in die Erde gerammt sind, und unter dem Schutzdach drei hucklige Bettlaken. Der Arzt, ein

Hauptmann, sagte: »Verschwinde.« – »Ich muß hin, Hauptmann, da liegt ein Freund.« – »Na, dann geh hin.« Ich zog das Laken vom Gesicht, sah ihn an, ging weg, kam wieder, schob eine Schachtel Zigaretten unter das Laken und blieb dann mitten im Hof stehen. Es war heiß, über die Laken krabbelten Fliegen; ich stand unter der Sonne im glutheißen Hof der Sanitätsstelle, unter dem Schutzdach waren die weißen Laken, der Hof drehte sich langsam im Kreis, die weißen Laken in der Mitte blieben unbeweglich, tote Laken, steinerne Laken, der Hof drehte sich, die Sanitätsstelle und das marmorne Klo drehten sich, vom Klo stank es nach Lysol, die Sonne war beschmiert mit klebrigem braunem Lysol, am Himmel zerfloß stinkendes Lysol, ergoß sich über die Erde, und über die Laken krabbelten Fliegen – hin und her, hin und her …

Prjadilnikow goß sich aus der Flasche ein Glas ein und dachte: Ich habe die Redaktion satt. Er trank das Glas aus, aß einen Apfel und eine Scheibe Käse. Zündete sich eine Zigarette an und dachte: Ich hab das Haus mit den Säulen satt. Ich will den Sektorenleiter nicht mehr sehen. Auch die Bude hier kotzt mich an. Aber irgendwo gibt es ein Plätzchen, wo es schön ist. Der Zigarettenrauch kräuselte sich kokett vor seinem Gesicht. Schade, daß Luisa nicht mitgekommen ist, Luisa, Lisa, Lisa … Die schwarzen Vögel kommen angeflogen …

Die Vögel mit den langen weißen Hälsen schlugen lautlos mit den Flügeln, streckten die Beine vor und setzten auf der Erde auf. In der Steppe leuchteten weiße Blumen wie tief über der Erde schwebende Seifenschaumflocken. Die Kompanie schlief in Schützenpanzerwagen. Die Wachposten sahen den Schwarm. Es war früher Morgen, es war warm und still. Die Vögel ließen sich auf der Erde nieder, falteten die mächtigen Flügel, putzten sich mit dem Schnabel das Gefieder und gingen, nach allen Seiten spähend, durch Gras und Blumen. Sie hatten weiße Hälse und rote Hauben; ab und zu blieben sie reglos stehen, den Kopf der Kolonne zugewandt, und guckten. Die Wachposten bewegten sich nicht, und die Vögel hielten sie für Pfähle, während sie die Schützenpanzerwagen für schlafende grüne Schildkröten ansahen. Die Vögel mit den weißen Hälsen spazierten durch die Steppe – schwarze Vögel, grüne Steppe. Die Berge und die grünen Schildkröten schliefen, der Himmel schimmerte im Osten purpurrot. Die Wachposten blickten einander lächelnd an.

Da knirschte ein Lukendeckel, aus einem Schützenpanzerwagen lehnte sich ein Fähnrich, er gähnte, ließ den Blick über die Steppe schweifen und erstarrte, als er die Vögel sah. Für einen Moment verschwand er, erschien wieder, kletterte vom Wagen und ging geduckt, mit der MPi in der Hand, in die Steppe. Die Wachposten beobachteten ihn. Die Vögel bemerkten den Fähnrich, reckten den Hals und verharrten reglos. Der Fähnrich riß die MPi hoch, kniete sich hin, stemmte den Kolben gegen die Schulter, neigte den Kopf zur Seite und zielte. Die Vögel liefen flügelschlagend. Der Schwarm flog auf. Ein blaßroter Feuerstoß jagte über die Steppe und keilte sich in den Schwarm. Einer der Wachposten nahm die MPi von der Schulter und gab, ohne zu zielen, einen kurzen Feuerstoß ab. Die beiden anderen Posten griffen ebenfalls nach der MPi und begannen zu schießen. Da nahm auch Prjadilnikow die MPi von der Schulter und gab zwei lange Leuchtspurgarben ab. Der erste-zweite-dritte-vierte. Der erste! Der zweite! Der dritte! Der vierte!

Aus den Schützenpanzerwagen stiegen die verschlafenen Soldaten mit MPis.

Die Kraniche flogen weg. Ein paar Vögel blieben unbeweglich in der Steppe liegen. Zwei überschlugen sich im Gras und brachen sich die Flügel. Die Wachposten liefen hin, gaben ihnen mit dem Kolben den Rest und schleiften sie zur Kolonne. Der Fähnrich und die Soldaten beugten sich über die zerfledderten Vögel, guckten sich die Wunden an und stritten, wo die Kugeln ein- und wo sie ausgetreten waren. Der unzufriedene Kompaniechef erschien. Er beschimpfte den Fähnrich und die Wachposten und kündigte jedem wegen Falschalarm drei Tage Bau an. Der Fähnrich wies mit einer Kopfbewegung zur aufgehenden Sonne und sagte, das Wecken sei genau zur richtigen Zeit erfolgt. Der Kompaniechef erwiderte nichts darauf.

Die Soldaten gingen in die Steppe, pinkelten gähnend und sahen, wie über der grünen Erde die bordeauxrote Sonne hochstieg. Dann frühstückten sie. Zum Frühstück gab es Hartbrot, kalten Tee, Würfelzucker und Büchsenfisch in Tomatensoße. Der Fähnrich erzählte laut, wie er in der Tundra Gänse gejagt hatte, fette Graugänse, lekkere, schwere zarte Gänse. Die Soldaten schluckten die feuchten roten Fischstücke und hörten zu.

Wieder hatte er dasselbe geträumt. Prjadilnikow erwachte am Morgen und rief sich den Traum ins Gedächtnis. Da war etwas Gelbes, Trockenes, Raschelndes und Gewölbtes gewesen. Gelb, trocken, raschelnd, gewölbt, gelb, raschelnd, gelb ... – der Berg!

Der Berg! Prjadilnikow stand auf und ging sich waschen. Er ließ kaltes Wasser in die hohlen Hände laufen und tauchte das Gesicht hinein. Der Berg! Der herbstliche Berg.

Er wusch sich, trocknete das Gesicht ab und ging in die Küche, Tee trinken, starken, bitteren, heißen, dunklen, göttlichen Tee. Auf den Berg. Vor fünfzehn Jahren hatte es den Berg gegeben. Herber kirsch-, nein, torffarbener Tee, Prjadilnikow wischte sich mit der Hand das schweißige Gesicht und goß sich ein zweites Glas ein. Auf den Berg. Wie hatte er ihn vergessen können. Den Berg und das Kaninchen. Ein weißes Kaninchen mit roten Augen. Er hatte einem Bengel aus einem privaten Holzhaus ein verrostetes deutsches Bajonett für das Kaninchen gegeben. Es zog in die Wohnung im sechsten Stock und hauste in einem Koffer unter dem Schreibtisch. Es war wie ein Hund. Wenn der Junge aus der Schule kam, sprang es aus dem Koffer und hoppelte an den Wänden entlang dem Jungen entgegen. Er gab ihm Kraut und Brotrinden zu fressen und trug es unterm Hemd spazieren. Die Eltern nannten es Böckchen und drohten, es hinauszuwerfen oder im Backrohr mit Kartoffeln zu schmoren. Der Junge sagte zu dem Kaninchen: »Wir laufen bald weg.« Er wollte mit dem Kaninchen in den Wald gehen, eine Laubhütte bauen, um darin zu leben, und sich von Kräutern, Nüssen und Pilzen ernähren. Wenn er eine Vier bekam, zeigte er dem Kaninchen das Hausaufgabenheft und sagte: »Da siehst du, wie schlecht es der Mensch hat.« Das Kaninchen wackelte zustimmend mit den Ohren. Am Abend kam der Vater. Er guckte sich das Hausaufgabenheft an und verdrosch den Jungen. Das Kaninchen saß im Koffer, hörte die Schreie seines Herrn und Freundes und war nun endgültig überzeugt, daß es besser war, ein Kaninchen zu sein. Nach der Prügel saß der Junge am Fenster. Das Kaninchen schlich sich zu ihm und leckte ihm die Fersen. Komischerweise hatte es Spaß daran, dem Jungen die Fersen zu lecken, vielleicht schmeckten sie vom vielen Gehen salzig?

Der Vater sagte: »Noch eine Vier oder Drei, und das Kaninchen gibt's nicht mehr.« Gleich am nächsten Tag erhielt der Junge eine Vier, owohl er die Hausaufgaben gemacht hatte, aber vor Angst konnte er nicht richtig antworten. Er kam nach Hause, packte eine Decke, Brot, ein Messer, Salz und Streichhölzer in einen Rucksack, steckte das Kaninchen unters Hemd, fuhr mit der Straßenbahn zum Bahnhof, setzte sich in eine Vorortbahn, erblickte vom Fenster eine menschenleere Station und stieg aus. Er sah zwischen Feldern einen Berg, der mit Eichen bewachsen war, und lebte dort zwei Tage. In der zweiten Nacht verschwand das Kaninchen. Am Morgen fanden Bauern, die Pilze sammelten, den Jungen. Sicherlich hatte das Kaninchen gespürt, daß am Morgen Menschen kommen würden. Und sich davongemacht. Und recht daran getan. Vielleicht lebt es immer noch in Freiheit, wenn die Füchse es nicht gefressen haben. Der Junge aber hatte es nicht gespürt und sich nicht davongemacht, und ihm war es schlecht ergangen.

Auf den Berg, auf den Berg, auf den Berg.

Prjadilnikow packte den Teekessel, zwei Decken, Zukker, Tee und Brot in den Rucksack und fuhr aus der Stadt hinaus.

Nach dem gestrigen Besäufnis war ihm schwindlig, die Hände zitterten, und das Herz schlug unregelmäßig. Er schwitzte stark.

Eine halbe Stunde fuhr er auf der Südstraße. Dann hielt er die Zeit für gekommen, in einen Feldweg einzubiegen. Der sandfarbene »Panzerspähwagen« hüpfte über die Schlaglöcher.

Da war eine Siedlung. Die Eisenbahnlinie. Vor fünfzehn Jahren hatte er diese Siedlung vom Fenster der Vorortbahn aus gesehen. Hier hatte die Bahn gehalten. Dann war er noch eine Station gefahren und noch eine. Die dritte Station war er ausgestiegen. Oder die vierte.

Der »Panzerspähwagen« kroch einen Hügel hinauf. Prjadilnikow sah jenseits der Gleise Felder und Wäldchen. Irgendwo dort mußte der Berg sein. Der »Panzerspähwagen« überquerte die Gleise und tauchte in kahle graue Felder, die von Spinnweben überzogen waren.

Der sandfarbene »Panzerspähwagen« dröhnte zwischen den Feldern unter dem hohen leeren Himmel.

Nirgends war ein Berg. Vielleicht gab es ihn überhaupt nicht. Vielleicht hatte er ihn nur im Traum gesehen. Ebenso das weiße Kaninchen. Und alles übrige.

Er hatte einen trockenen Mund. Das Herz mühte sich jetzt zu sehr und schlug gegen das Schulterblatt. Da waren Pfützen und Sümpfe, aber nirgends klares Wasser. Er mußte in irgendein Dorf fahren.

Das Auto fuhr um ein Waldstück herum. Vorn waren die dunklen Häuser eines Dorfes zu sehen.

Prjadilnikow fuhr auf das Dorf zu, überlegte es sich dann aber anders und wendete. Er mochte keine Menschen sehen. Vielleicht waren gerade die Bauern dieses Dorfes vor fünfzehn Jahren in die Pilze gegangen, hatten den Jungen auf dem Berg aufgegriffen und zur Miliz gebracht.

Er hatte einen bitteren Geschmack im Mund.

Hatte es auf dem Berg Wasser gegeben? Nein, auf dem Berg nicht. In einer kleinen Schlucht, im Gebüsch. Ja, am Fuße des Berges war eine kleine Schlucht ... mit einer Quelle.

Gegen Abend begriff Prjadilnikow, daß er den Berg nicht finden würde.

Er trat auf die Bremse, der »Panzerspähwagen« blieb stehen. Prjadilnikow stieg aus.

Die Sonne leuchtete rot, sie hing schon über dem Wald am Horizont.

Prjadilnikow blickte sich um.

Überall war plattes Land. Die Wäldchen schimmerten gelb. Irgendwo standen rote Ahornbäume. Es war warm. Ich muß mich erinnern, dachte Prjadilnikow, mich an alles erinnern. Er setzte sich auf die Erde und wandte das Gesicht der Sonne zu.

Also, da war ein weißes Kaninchen mit roten Augen, das gern Melonenschalen aß.

Dann waren sie ausgerissen. Die Vorortbahn brachte sie nach Süden. Nach ungefähr einer Stunde stiegen sie aus.

Er ging einen Weg entlang. Ringsum waren Felder. Da sah er einen Berg. Und ging darauf zu. Der Berg war gelb. Am Fuße des Berges war ein Berberitzenstrauch mit roten Beeren. Die Berberitze gab ihm ihre duftenden Beeren zu essen. Auf dem Berg leuchteten gelbe Ahornbäume und Eichen. Von den Eichen lösten sich Eicheln. Sie fielen in den rötlichen Farn. Er nahm die Mütze ab und stellte sich unter die größte Eiche. Sie warf ihm eine harte Eichel auf den Kopf. Lustig. Das Kaninchen schnupperte ängstlich. Ein weißes Kaninchen im rötlichen Farn.

Hier werden wir leben. Hier bauen wir uns eine Laubhütte. Aus der Espe dort läßt sich ein wunderbarer Speer schnitzen, mit dem man Wölfe abwehren kann. Eicheln fielen herab. Ein warmer Abend. Zwischen den Bäumen flogen dicke Drosseln und bunte Eichelhäher. Aus dem Gras schauten Rotkappen. Ein üppiger gelber Herbst. Es war überhaupt nicht gruslig. Das Kaninchen war bei ihm. Die Berberitze war wie ein Mensch. Ach was, ein Strauch und kein Mensch. Aber trotzdem wie ein Mensch. Komm her, ich geb dir Beeren zu essen, komm schon.

Er rupfte Stroh aus einem Schober auf dem Feld. Mit der Decke zugedeckt, schlief er auf dem Stroh. Das Kaninchen behielt er unterm Hemd, um sich zu wärmen und keine Angst zu haben. In der Nacht war es gruslig, obwohl ganz in der Nähe die Tante mit den roten Beeren stand. In der Nacht schien der Mond. Blätter wirbelten. Sie gerieten ins Mondlicht und schimmerten weiß, und er träumte, daß es schneite, daß Schneeflocken sich auf sein Gesicht setzten. Dann wachte er auf und sah, daß es Blätter waren. Bis zum Winter ist es noch lange hin, bis dahin baue ich mir eine Laubhütte, warm und haltbar.

Der Morgen war gelb. Auf dem Berg schien die Septembersonne. Gelbe Blätter fielen, gelbe Blätter wiegten sich an den Bäumen, gelbe Blätter lagen auf der Decke, gelbe Blätter bedeckten die Erde, gelbe Birken standen unten, im Sumpf. Er schlenderte um den Berg herum, stieß auf die Quelle in der Schlucht und füllte seinen Kochtopf. Dann kochte er Brei. Das Kaninchen frühstückte einen Brotranft. Es hoppelte auf dem Berg herum und kam zurück. Von unten blickte die Berberitze herauf. Eine Elster kam angeflogen. Sie setzte sich auf einen Ahorn, beäugte den Jungen und das Kaninchen, krächzte: Alarm!, flog davon und kehrte bald darauf mit drei Freundinnen zurück, alle vier starrten mit ihren schwarzen Augen den Jungen und das Kaninchen an. Er schleuderte einen Zweig nach ihnen, sie schrien im Chor: Alarm! und stoben davon. Über den Berg wieselten Mäuse. Der Berg raschelte, der gelbe raschelnde Berg.

Der gezackte Horizont hatte schon die Hälfte des Sonnenballs abgeschnitten, als der Mann, der neben dem Auto auf dem Weg saß, Flügelschlag hörte. Von oben senkten sich Schatten herab. Das waren die schwarzen Vögel. Sie streckten die Beine vor und stellten sich auf die Erde. Die Vögel falteten die Flügel. Sie hatten lange Hälse mit weißen Streifen vom Schnabel bis zur Brust und rote Flecke auf den winzigen Köpfen. Die Vögel stolzierten im trockenen Gras, pickten die Rispen der Gräser und nahmen Samenkörner von der Erde auf. Er legte die MPi weg, stand auf und ging. Er ging langsam den Berg hinab. Schwebend. Lautlos. Vorn hüpfte das weiße Kaninchen. Die Vögel sahen die beiden und blieben reglos stehen.

Sie flogen nicht weg. Die großen schwarzen Vögel warteten und hatten ihm das Gesicht zugekehrt.

Inhalt

William Heinesen

Spektrum

Der Turm am Ende der Welt

Roman

Die Inseln der Færøer, das Magische grandioser Natur, das feine Gespinst des Lebens – ein weises, zutiefst poetisches Erinnerungsbuch von einem der großen nordischen Erzähler.
»Heinesen zu verehren bedeutet, in einen Zauberkreis zu gelangen.« (Johan Borgen)

Aus dem Dänischen
von A. O. Schwede
»Volk-und-Welt-Spektrum« 267
220 Seiten

Jeder Band
DM 19,80

Erih Koš

Spektrum

Die Akte Hrabak

Roman

Der »Fall« des Hausmeisters Hrabak – ein bitter-ironischer Roman über die Kunst, ein »subversives Element« zu enttarnen.
Ein Buch, das wie eine Bombe tickt ...

Aus dem Serbokroatischen
von Edith Netzband
»Volk-und-Welt-Spektrum« 266
172 Seiten

Jeder Band
DM 19,80